待ったなしの教育改革

―学ぶ楽しさを伝えよう―

西野仁雄
Nishino Hitoo

ゆいぽおと

待ったなしの教育改革

―学ぶ楽しさを伝えよう―

西野仁雄

はじめに

教育は人を育て将来の社会を作っていく国の最も重要な行為です。その教育が、経済が発展し文化度が高く、世界で最も安全安心な民主主義国家と考えられている日本では、病んでいます。国際的に見ると大変遅れた歪んだ状態であるといえます。

私は、現在の幼少教育から中学、高校教育、大学教育の全体について、その体制、内容、学生、教員のすべてが憂うるべき状況になっていると危惧しています。

古くは中国、朝鮮半島から先進文化を取り入れ、江戸時代の藩学校、寺子屋などたいへん教育に熱心に取り組んできました。明治に入っても文明開化のもと、鎖国の遅れをとり返すべく積極的に西洋文化と科学技術を導入し、アジアで、いや世界で最も教育の行き届いた国となりました。

戦後は民主国家をめざし教育制度は大きく改革され、一時は世界第二位の経済大国、科学技術国家となりました。

その日本の教育が危機に面していると言っても、「本当に?」、「どこが」、「なぜそう言えるの？」と、多くの方は理解しがたいかもしれません。しかし現場をよく見てみると残念ながらそれが現実なのです。

一般に現在の我が国の教育は、知識を記憶して再現することに熱心です。なぜそうなるのか？と、自分で考え問題を解決していく体制にはなっていません。このような教育を受けた生徒や学生は、社会に出ても厳しい労働市場では役に立たないのです。国家の繁栄に繋がりません。

私は医学部の教員として四十五年間学生に接するとともに、脳生理学の教育研究活動を行ってきました。後半の十五年間は小・中・高校へ出前授業にも出かけ、幼少教育にも側面的に携わりました。今はＮＰＯ法人「健康な脳づくり」を立ち上げ、地域の高齢者の健康増進活動を行っています。

昨今のいじめ、ひきこもり、不登校、子どもたちの活力のなさ、やわな教育制度、ますます激しくなる受験競争、法人化後の大学の活力のなさと疲弊、そして、子どもがますます減り社会が縮小していくという現実を、自分の来し方や体験と照らし合わせて考えるとき、本書を書かなければならないという心境になりました。

教育は国の根幹です。国づくりの基礎です。これといった資源をもたない我が国では教育が輝いているか否かは生命線です。次代を担う若者たちに、どんな環境においても生き抜いていける知恵、知識、行動力を涵養しなければなりません。

世の中にはただ一つの正解というものはありません。いろいろな可能性があります。従って知識・記憶偏重の教育でなく、なぜそうなるのか？と自分で考え、推論し、結論を導き、行動するという習慣を養うことが大事になります。

この大事な教育が本来のあるべき姿でなく形骸化するとどうなるでしょうか？　若人、次世代、将来の国家の幸せや発展は望めません。国家が衰退していきます。「大げさなことを」、「いったいどういうこと？」と疑問をもたれるかもしれませんが、残念ながら日本の教育は本当に古い遅れた状態になっています。その実態はこれから見ていきますが、このような現状を本当に憂いておられる方も多くおられます。

早急に根本的に改革を行わないといけないと考えます。

まず、国民一人一人が国の現状をよく知ること、教育にもっと関心をもつことが必要となります。そして教育に関係するすべての人たちが、自分ができることから始めなければなりません。長い道のりです。苦しい戦いになるでしょう。しかし、良い教育制度を作るために、とにかく第一歩を踏み出さなければなりません。
本書を通じて考えて参りましょう。

待ったなしの教育改革　―学ぶ楽しさを伝えよう―　目次

第一章　日本の教育

教育は、幼少児や青年たちに人類の来し方、現状そして未来について基本的な考えを伝授し、自分で考え、調べ、行動して課題を解決していく能力を涵養すること、そして社会の一員として周りの人々と社会の発展のために協力できること、すなわちどのような環境においても自立して生き延びていく力を育むものでなければなりません。個々人の特色や長所は百人百色ですので、それぞれの特徴を引き出し伸ばすことが大事です。これによって多様な人物が育ち多様な社会が作られます。

一　日本の教育の現状

戦後六三三四制となり教育制度も欧米並みに改革されました。国費を投入し、昨今は幼保教育の無償化、義務教育の低額化、高校教育の無償化、大学教育への補助金等、以前に比べ教育制度は充実してきています。

出生率が一・四を割り込み、超少子高齢社会となった今日、毎年約五十万人の人口が減少していきますが、そのようななか、高校進学率は九十五パーセントを超え、大学進学率も六十パーセントに達しようとしていて、国民の勉学欲には強いものがあります。

かたや受験競争は激しくなり、そのほとんどがペーパー学力試験で行われているため、幼少時から塾に通い、より良い中学、高校、大学をめざす傾向は近年ますます強くなってきています。毎日の新聞の折り込み広告を見ると学習塾の案内の多さに驚きますが、教育の商業化がとめどなく進んでいます。それぞれの個性を引きだし伸ばす教育でなく、断片的な知識を詰め込み記憶し、受験テクニックを磨くことに懸命になっている教育です。

このような教育を受けた学生は目的とする大学に入ると、とたんに目標がなくなりバーンアウトし、大学の四年間は就職活動のための通過点になってしまいます。

こうした日本の教育の歪んだ現状を改革しなければ世界から取り残され、国の将来は輝くものにならないと考えます。

日本は島国ですから世界の他人種に日々接する機会はそう多くありません。日本人だけの世の中にどっぷり漬かっていると、多様性がないため物事の変化や革新を好まなくなります。現状にそんなに不満がなければ「これでいいや」、「まあこんなものか」と、生活は現状追認型になっていきます。その結果教育制度も硬直化し、学内運営もマニュアル化し、自由な発想が億劫になり、現状の悪いところを改革しようとする行動が起こらなくなるのです。

一方教師たちは、クラスでの子どもの教育、クラブ活動の指導、各種委員会、報告書の作成、ＰＴＡや保護者との対応等に、それこそ日々身を削っています。このように学校は〝ブラック職場ではないか〟と言われるほど過酷な状況になっているため、教師志願者が激減していて、教員の質の低下につながるのではないかと懸念されています。

これでは、子どもたちが輝く環境、楽しい学校づくりは望めません。

教育は学校だけで行えるものではありません。我が国では学校に過度の期待をもち、頼り過ぎで、丸投げしている状況です。教育は家庭、地域、学校の三者が密に連携して行わなければ良いものができません。保護者や地域の社会人がもっと積極的に学校に出入りし、サポートして一体となって教育を作り上げなくてはなりません。

二　日本型教育の良さ、弱さ、古さ

日本の教育の古さや弱さについて述べましたが、日本式教育にも良い点や強い点があります。

生徒が一クラス三十～四十人で先生が一人という悪条件下ですが、日本の小学校、中学校では子どもたちはよく学んでいます。歴史的に教育熱心な国であり、温和で素直な子どもたちが多いことが、このような結果を生み出しているのでしょう。「古い教育」といわれる知識力と記憶力を高めることを重視しているため、ある意味で成果が上がり、外国からは日本の幼少公教育は羨望のまなざしで見られていました。

そのため、現在善悪両面で話題になっている三年に一回国連が行う学習到達調査（PISA）では、基礎学力を反映するといわれる読解力、数学的応用力、科学的応用力のすべてが、いつも世界で上位にランクされていて、幼少公教育の成功を物語っていました。

しかし喜んでばかりいられません。この調査は十五歳児を対象にしたものですので、中学を卒業した時点での話です。それ以降はどのように推移していくか、わからないのです。

そして日本型教育の古さと弱点がハッキリしてきたのは、昨年報告されたPISAの結果です。読解力については、三年前は八位だったのが今回は十五位に低下していたのです（1）。

今回の読解力の評価は、いろいろな文章やSNSデータを読み、まとめ、考え、推論し、自分なりの結論を導くというものでした。

読解力はただ文章を読むだけでは養えません。作者の意図を正しく読み、考え、自分で推論することで養われるものです。日本の学校教育はそのような形になっていないのが現状です。

そして、スマホを多用して普段から長い文章を読まない、ＳＮＳの普及も世界レベルから遅れている、知識詰め込み型の教育で考える教育を行っていないのですから、今回の結果は一時的な変化や誤差というものでなく、正当な結果といえるでしょう。

さらに英語教育が始まる、パソコン教育も加わる、道徳教育も入る、依然として大人数のクラス編制で先生が一人など、教育が過密になり、表層的になっていることの結果なのです。

高校に入ると大学入試に特化して知識の詰め込みと記憶力を高めることにさらに集中していきますので、幅広い他分野のことを学び体験することが少なくなり、広く深い教養や人間性が身につきにくい状況になっています。

その点、公立高校はまだ自由な校風で自主性を重んじているため、あまりそうではありませんが、私学、とくに中高一貫の受験校ではかなり歪んだ特化した教育になっているといえます。

このような受験一辺倒の教育を受け続けると知識はつくでしょう。記憶量も増えるでしょう。しかし知識や記憶は直ちに古くなってしまい使えなくなりますし、現代はコンピュータをたたけばいつでも最新のものが得られます。

こういう教育の最もいけないところは、自主性、自分で考える力、総合力が身につかないことです。そのため自分はグループや社会のなかで相対的にどのような位置にいるか（アローケーション）や社会に適応して行く能力（インテグレーション）など、人間としての総合的な力を養えません。バランス感覚のない人間になってしまうのです。

その結果、大学に入ると途端に目標がなくなり、四年間は就職のための単なる通過点になっていないでしょうか。これはゆゆしき問題です（2）。

三　読書は勉強の基本

最近はインターネットの普及により長い文章や書物を読まなくなりました。インターネットはいろいろな情報を手っ取り早く得ることができ、生活する上に大変便利です。しかし、それは断片的な情報であり単なる出来事として脳に入ってくるだけで、論理的な思考には繋がりません。脳を鍛えないのです。

本（長い文章）を読むことは、文字を追い、意味を理解し、考え、推論するという一連の行為ですので、脳を活性化し、論理的な脳の発達に繋がります。幼少時から本を読む（とくに多読する）習慣のある人は成長したとき、物事を論理的に考えることができるようになります。

最近は小学校で朝一番に読書タイムを設け、それぞれ好きな本を読むところが増えています。大変良いことだと思います。小さいときから本を読む習慣をつけることは大事です。このとき、ただ読むだけでなく、内容をまとめ、自分の考えを加え、みんなの前で発表するような形にすると、さらに良いのではないでしょうか。

人は情報を得て、考え、推論することによって脳を発達させ鍛えてきました。従って教育においては、断片的な知識や記憶に重きを置くのではなく、長い文章を読む習慣をつけることが何よりも大事になります。

インターネットは今後ますます使いやすく便利になっていくでしょう。世界はさらに狭くなっていくでしょう。インターネットには未知の分野を切り開いていく可能性があります。若者はこれを駆使しいろいろな活動を行っています。高齢者ももっとこれを使いこなせば、世界のいろいろな人とつながり、体が動かなくても世界の人と意見交換ができて脳が活性化されます。

私事になりますが、私たち夫婦には二人の息子がいます。長男は小さいときから活動的で、ありとあらゆる動物を飼い面倒を見ていました。ものごとを総合的に考えられる才能があります。水産学部を出てとある製粉会社に勤め養魚用の飼料の開発に携わっていたのですが、社内の事情から営業部門に変わりました。以来二十年間、静岡、三重、四国、九州の各地の漁場の担当となり、朝早くから漁場に出て舟やいかだに乗ってエサをやる手伝いをし、午後も他の漁場に行き、夕方会社に戻り事務作業をして、帰宅は午前様という生活をしていました。仕事には何の不満もなく対人関係も良かったのですが、四十代半ばを過ぎても数年単位で転勤となると、子どもの転校の問題が生じ、単身赴任するか否かの選択を迫られました。

三年前に私たち夫婦は名古屋から生まれ故郷の堺に転居していましたので、将来、親の面倒を見ることも考えて漁業の仕事をやめ、丘に上がり農業をやることを決心したのです。二年前に京都のネギ栽培会社の研修員となり技術を習得し、二〇一八年から堺で休耕田を借りて、ねぎを中心にいろいろな野菜を育てています。農業で生計を立てることは並大抵な努力ではできませんが、これからは「食」の時代ですので、好きなことを自由にできる悦びを感じているようです。

次男は子どものときから読書が大好きで、地域の図書館でありとあらゆる本を読みあさりました。医学部を卒業後、基礎医学の研究者になり現在はテキサスのダラス大学で神経細胞の分化に係る遺伝子の研究に携わっています。一つのことをやり出すとほかのことは全く頭に入らないタイプで、四十代後半の現在も身なり等には全く関心がなく、よれよれの服を着てどた靴をはき、学生風の格好で大学に通っています。左脳が発達し論理的に考えられるのですが、右脳の働きが強くないようで物事を総合的に考える力が弱いきらいがあります。

このように二人は全く異なるタイプですので、もう少し互いの良い点を分かち合ってくれていたらと思いますが、それは親バカというものでしょう。

二人には、「人を恋うる歌」の「妻をめとらば才たけてみめうるわしく情けある」を地でいく伴侶がいますので、家庭のことはもちろん学校や地域のことなどを安心して任せられ、自分たちの仕事に集中できているようです。有り難いというほかはありません。

四　日本の教育の問題点

ここで、日本の教育の問題点を考え整理してみましょう。

小学校

1）小学教育は三十～四十人という大クラスに先生が一人で、平均的な子どもの学力の底上げを目的にしているので、できる子どもやついていけない子どもたちに対する配慮が弱い。

2）先生が一方的に話し説明することが多く、子どもたちが発言する機会が少ない。これでは自主性や考える力を育てることができない。

3）知識を増やすことに主眼がおかれ、考えることが疎かにされている。一定の成果は上がるが、自分で考えて行動できる創造性をもった子どもやユニークな子どもが育たない。

中学校

1）中学時代は心身共にめざめてくる時期。しかしここでも四十人という大クラスで、先生が一方的に説明して生徒の自発的な発言が少なく、受動的な教育が行われている。自分で考えることが疎かになっていて自主性が育たない。

2）高校受験に向けた教育に主眼がおかれているため余裕がなく、体力や精神力が十分に鍛えられているだろうか？

高校

1）公立高校は今でも学生の自主性を尊ぶため、かなり自由な雰囲気があるが、私立高校は校則が厳しく自由度が少ない。

2）思春期から大人になる微妙で重要な年齢層であるが、社会性や総合力を養う人間性の形成に資するような時期になっていないのではないか。

3）私立の中高一貫校は大学受験だけに焦点を当てていて、知識の詰め込みと記憶術の訓練に特化した教育が行われ、余裕のない偏った人物をつくっているのではないか。

4）現代は情報とＡＩ（人工知能）の時代であり、近い将来は現在ある職業の半分はＡＩに取って代わられると考えられているが、そのＡＩ分野において日本の現状は周回遅れで、人材が育っていない。旧来の教育の弊害が出ている。当分野に特化した高校、専門学校、大学等を作り人材を育成することが急務。

大学

大学教育の問題点については項を改めて考えます。

五　なぜ引きこもりが多いのか？

今、日本には百万人を超える引きこもりがいると言われています（3）。四十歳以下と四十〜六十歳に分けると、後者の方が半分以上を占め、四十代がいちばん多いとのデータです。働くべき人が働いていないということは、社会にとって大きな損失です。なかでも深刻なのが、五十歳の無職の息子が八十歳の親の年金で生活している親子孤立家庭（いわゆる８０５０問題）が増えていることです。

就職困難期でいくつもの企業に志願したが就職できなかった、就職できたが解雇された、長期の不況による労働環境の悪化、格差の広がり、未婚・晩婚など複合的な要因によると考えられます。

他方我が国では、学業を終えたら（二十四、五歳以上になったら）家を出て独立して生活するという習慣が根付いていません。いつまでも家（親）に寄生してしまうという日本文化のやわさや弱点が、ひきこもりを助長する要因の一つになっていることも確かです。いつまでも親離れ子離れができず独立心が弱いのです。

小学生や中学生の引きこもりは、いじめ、無視、仲間はずれ、授業についていけない、不登校、経済的困窮等が要因になっていると思われます。

十数年前のアンケート結果ですが、「自分は孤独であり寂しい」と感じる小学生は日本では四十パーセントに達していました。学校へ行くのが楽しくないのです。諸外国では寂しいと感じる人はほんの数パーセントで、学校に行くことが楽しくてしかたないのです。

各校には服装、髪型、スカートの長さ、整髪臭、下着の色、通学の寄り道の規定等、非常に末梢的なことを厳しく規制する校則があります。自由奔放であるべき小学生や中学生に全くそぐわないことです。学校（校則）によるパワハラです。子どもたちは窮屈と感じ、学校が面白くない、学校へ行きたくないと思い、ひいては不登校に繋がります。現在の学校で改めなければならない大きなポイントの一つです。

こうあるべきだという一つの型に沿うことが良いしつけであるという戦前の発想がまだ根強く残っています。これでは自由に発想しそれぞれの特徴を伸ばすことはできません。

このような悲惨な状況となっている要因は多様で一概にいえませんが、日本社会の古さ、外を見ない閉鎖性、思考停止に陥ってよく考えない、そして教育のあり方、などが考えられます。

ではどうすれば良いのでしょうか。

教育体制を根本的に変えなければなりません。

形骸化した教育委員会を解体し、柔軟な新しい発想をもち前向きで行動的なものに作り変えること。主体性をもつ校長や教務主任をリクルートすること。先生方の現場における改革の積み重ね。保護者の学校活動への支援。そして何よりも教育予算の増額による新たな教室づくりです。

そのためには、子どもたちが楽しんで学校に行くこと、制度や授業の進め方を柔軟にすること、さらに豊かでバラエティーに富んだ教材の整備などが必要となります。

また、先述のように長い文章を読む習慣を授業の中に組み込んでいくことも大切になります。

このように何何すべきであると言うことは簡単ですが、硬直化した現実を少しでも変えていこうとすると莫大なエネルギーが要ります。

しかし志のある人が第一歩を踏み出さないと環境は変わりません。

どのようにアプローチすれば良いのかは後段で考えていきましょう。

第二章　諸外国の教育

日本の教育だけを見ていても井の中の蛙です。そこで、ここでは外国の教育制度について見ていきましょう。

一　オランダの教育

北欧の教育制度は一口で言えば個別化、自主性といわれています。オランダは関東平野くらいの国土に東京二十三区の人口が住んでいて、国土の二十六パーセントが海抜ゼロメートル以下ですので、日々治水と干拓に取り組まなければ国土を維持することができません。小さな国ですがGDPは世界十七位（二〇一八年）で商工業が盛んです。国連の開発ソリューションネットワークが行う幸福度ランキング（二〇二〇版）では世界で第六位です。鎖国下の江戸時代にも日本と交易するなど、常に外国との交流で発展してきました。

古くから他国で迫害された人々を受け入れて繁栄してきたという自負があるため、何事に対しても寛容である特徴をもっています。

教育は非常に自由です。二百人の生徒を集めれば法律に違反しない限りどのような学校を作っても良いのです。学校単位で広い権限が与えられているので、各学校は非常に多様です。厳格な教育を行う学校、宗教色を打ち出す学校、自由度の高い教育を特徴とする学校など多種多様です。十二歳で全国規模の学力テストを受け、後の進路を決めます。

オランダの教育の特色は、個別学習、自立学習、共同学習、保護者の学校行事へ参加の四つといえます（4）。

個別学習では子どもたちの進度に合わせた自立学習が基本となり、先生は一方的に話さず生徒の方から話しかけるよう指導し、受動的でなく自発的に話す習慣を身につけます。

疑問に思うことを大事にし、知りたいと思う好奇心を養い、自分の考えを事象に合わせて修正して新しい情報を探索していくというスタイルです。

そのため大変バラエティーに飛んだ教材を用意していて、子どもたちの好奇心が高まるよう配慮しています。

教室の風景はまるでリビングルームのような感があります。授業内容に応じて机の配置を自在に変えます。クラスは三つの歳の異なる子どもたちの混成で作られ、共同で学びサークル対話を重視して年長、年中、年少の三つの立場を体験させ社会性を養います。各自好きな教科に取り組み、先生は必要に応じて大まかにみんなをまとめるという感じです。

子どもたちの潜在能力を引き出すことを主眼とし、自立性を養い、落ちこぼれを防いでいます。

高校で良い成績をとればディプローマがもらえ、どこの大学や学科にも自由に入ることができます。入学試験はありません。文部科学省は教育の内容や方法について多くの規則を定めるより、自由で多彩な教育活動を行えるように保障しています。

このような自主性、個別性を尊ぶ教育は〝イエナプラン教育〟といわれます。これは教育の方法ではなく教育に対するコンセプトです。「中央政府が教育内容や方法を画一化することが平等であるという考えはまやかしであり、画一でなく個別化が重要である」と考えているのです（4）。

このような教育を幼少時から大学にかけて体験すると、好奇心、自主性や共同力が育まれ、社会の一員として社会の発展のために貢献していこうという気持ちが芽生えてくるのでしょう。

二　スウェーデンの教育の光と陰

スウェーデンは人口九百五十万人で世界一の高福祉国家です。消費税は二十五パーセント（食品等は軽減税率）ですが、相続税はありません。高い税金を払っていますが教育、福祉、医療等がすべて無料のため安心して生活ができます。EU加盟国の一員で、重工業、航空産業、防衛産業、自動車産業などが盛んな工業国で、一人当たりのGDPは二十三位（二〇一八年）で、幸福度ランキングは七位（二〇二〇版）という文化国家です。

一方、競争や格差のないフラットな社会ともいわれています。市民が町長や市長に対し〝さん〟づけで呼び合う上下関係のない社会です。各地域の町内会にはいろいろな班があり、みんながそれぞれに属して交流し、全員が物事の決定に影響力をもつとともに、責任をもつという全員参加型の社会です。

転職は百八十度異なる職につくことが容易で、人生をやり直すことができます。残業はしないで生活を楽しむことを優先します。

〝幼児教育は一生の土台であり高等教育より大事である〟と考えられています。そのため二歳児、三歳児、四歳児、五歳児すべてのクラスで、六人につき一人の保母さんがついています（5）。

クラス編制も異年齢グループを混ぜ合わせ、各自好きなことを行わせ、問題のある子を取りこぼさないようにし、先生はけじめをつけるとき以外は介入しないで子どもたちの自主性を重んじます。

考える、調べる、発表することを重要視し、起業家精神やイノベーションの心を尊びます。

一方、日本の教育のように暗記や記憶力を重要視して反復学習しませんので、基礎学力がつきにくくなっているという弱点があります。ＰＩＳＡでは三教科ともＯＥＣＤ国のなかで最も低い評価となっていて、幼少教育を地方や学校だけに任せるのではなく国がもっと関与すべきであるとの意見が出ているのが現状です（5）。

もちろん偏差値、大学のランキング、入学試験、学習塾などの概念はなく、一定の成績を収めていればどの大学にも入学が許可されます。

このように、教育に関し非常に自由な国ですが、これらはすべて創造性や起業家精神を高め、イノベーションを行い、雇用を創出していこうとの考えに基づいているのです。

三　インドの教育事情

インドは古い歴史をもつ南アジアの大国です。人口は現在第二位ですが、近い将来中国を抜いて世界一となります。一九四七年にイギリス連邦から独立し近代国家を建設中です。

農業をはじめとする第一次産業は世界第二位の規模を誇ります。一方、世界第十四位の工業国で、小型自動車、二輪バイクの生産は世界一で、最近はソフトウエア産業が大変盛んで世界に人材を供給しています。宇宙産業にも力を入れ各種の探索機を打ち上げています。

一九四八年の極東国際軍事裁判でインド代表のパール判事は「イギリスやアメリカが無罪なら、日本も無罪である」と主張し日本を擁護しました。これ以来親日、親印の関係が続いています。

宗教はヒンドゥー教徒が八十パーセント、イスラム教徒十三パーセント、キリスト教徒二・三パーセント、シク教徒一・九パーセント、仏教徒〇・八パーセント、ジャイナ教徒等からなります。

教育に関しては、憲法および義務教育権法によって六～十四歳の初等教育の義務化と無償化が図られ、公立校はヒンドゥー語で授業が行われています（6）。

学校の形態は多彩で、英語で教育する学校（高額の授業料のため恵まれたトップの人たちしか入れない、卒後は医師、弁護士、金融機関、IT情報産業などに就職）、ヒンドゥー語で講義する学校（リーズナブルな学校であるが、卒業後の就職が広く開かれていない）、公立学校（学校も先生も余り熱心でない）、私立学校（てんでバラバラ）からなります。

問題なのは、子どもを学校に行かせるか否かの決定権を父親がもっていることです。貧しい農村ではどの学校にもやらないで子どもを労働力として使い、未成年で結婚させるというケースが多いといわれています（6）。

法律上、カースト制は存在していませんが、実際の社会では依然として残存しているという悲惨さがあります。

政府は学校教育の改善についていろいろと取り組んではいますが、圧倒的な数の前にその努力がほとんど機能していないという無力さがあるのです。

このように中央政府が十分に機能しないと、公教育は悲惨なものとなってしまい、貧富の格差を再生産してしまいます。これがインドの教育の課題であり最大の問題といえるでしょう。

四　韓国の教育と恨という思考様式

お隣の韓国は世界でいちばん教育熱心な国ではないでしょうか。受験戦争が非常に過熱しています。出生率が一を割り込み（二〇一九年は〇・九二）、人口がどんどん減少し高齢化がますます進むなか、数少ない大財閥による経済支配、ソウル大を含む一流大学出身者を中心とした学問・経済・社会構造、そして長老、高齢者、男性を過度に敬うという習慣や儒教文化のなごりなどによって、社会はなかなか大変な状況にあるようです。

私の元同僚の研究者は二十五年前に韓国から日本に来て、大学院生、助手、米国留学を経て、現在は公立大学医学部の准教授になっています。

韓国で生まれ二歳で日本に来た長女は日本の小中高校で学び、父の米国留学に伴って二年間シカゴで過ごし、大学は母国のソウルにある外国大学で四年間学びました。しかし、卒業後は韓国で就職しないで日本に帰って来ました。

〃私はあのようなすごい受験戦争とヒエラルキーの強い社会のなかでとても子どもを育て、生きていく自信がありません〃とのことでした。階層型の学問・経済・社会構造のなかで、やり直しや再出発をすることがなかなか大変なようです。

ところで、韓国はなぜここまで教育熱心な国になっているのでしょうか？　もともと大変まじめで気性のはげしい国民ですが、その大きな要因は社会構造（人口動態）に基づいているのではないかと思われます。

それは、全人口五千万人のうち四割以上が首都圏のソウルおよびその近郊に住んでいること、首都圏でないと良い大学に入り、良い人脈を築き、良い仕事を選択できる機会が少ないこと、その結果、大学入試に特化した成績至上主義教育が強くなっているのではないでしょうか。ソウルという巨大過密都市の存在が韓国の教育のあり方をゆがめているといえます。

これは我が国でも同様です。新型コロナウイルスの感染拡大で明らかになりましたが、東京都の人口は千四百万人、埼玉県七百三十三万人、神奈川県九百二十万人、千葉県が六百七十二万人で、この交流の密な首都圏だけで日本の人口の三割を占めていて、いろいろな問題を抱えています。このまま東京一極集中が進めば、日本も早晩韓国のような問題に見舞われるでしょう。いちばん心配されるのは、首都直下型地震の発生です。火災により数百万人の命が失われるでしょう。今こそ、東京から地方への脱出が求められています。極端にいえば、仕事、便利さ、快楽を求め死を急ぐか、安全安心、ゆたかさを求め地方でゆったり暮らすかの選択です。

話を戻しますが、韓国の学歴は一つの階級を作っていて、その教育は一人一人の生活を疲弊させているという強い批判があります(22)。

1)注入式教育で実生活に適応できない、2)過剰保護で経済的自立ができない、3)個人的、競争的で協力できない、4)年齢に合わない教育で心身の成長不和が生じる、5)人格教育が足りなくて礼儀正しさが養われない、6)貧富の格差の拡大、などです。

このように激しい競争社会である反面、韓国には「ハン」という概念があります。韓国語のハンとは、多義にわたってすべてを包括する統合的な概念です。ひとつであると同時に、全体であり、最高であり、完成であり、正確な中心でもあります。そして、このハンが崩壊するとき、その混乱や挫折に対しての複合的な想いが、もう一つの恨《ハン》へと転換されます(23)。

現代的で非常に激しい競争思想と恨という思考様式が混在しているというのが現代の韓国ではないでしょうか。

教育は世代を超えて人々に大きな影響を与えます。従って各人の遺伝子に組み込まれている先述のような考えや思想や文化は今後も容易に変わらないでしょう。

一方、我が国は戦時中筆舌では言い表せないような屈辱と困難を朝鮮民族に与えました。戦争中だったといえばそれまでですが、そのような事実を、加害者は時が経つとともに忘れがちになりますが、被害者は決して忘れることはありません。一遍の外交文書や賠償金で解決される問題ではないのです。誠意ある心からの対応が必要で、我々日本人が常に背負い続けなければならない原罪です。最も近い隣国です、過去を乗り越えて新しい協力関係を築きたいものです。

教育に過度のバイアスや負担が懸かりすぎると良い方向に向かいません。競争ばかり、不満ばかりを強調していては前に進めません。いろいろな負の要素を抱えながらも未来に向かって進まなければなりません。

教育は唯一人々の発想を変えていくことができるものです。互いに健全な関係が築かれることを願っています。

教育では、「自己肯定感をもち、自分の選んだ道を自信をもって進み、優しい気持をもち、他人と協力して未来社会を作っていく人物を育てること」が重要です。教育は自己肯定的、自己研鑽、共生・協調、未来志向でなくてはなりません。この点において我が国の教育もまだまだ不十分で、大いに反省しなければなりません。

韓国の教育についていえば、現在のような過酷な受験競争が少しでも軽減され、将来のより良い社会の構築に向かって新しい教育体制を築き上げていただきたいものです。

五　アメリカの公教育の崩壊と再建

私が大学に入学した六十年前頃のアメリカでは、「日本のように教師が一方的に話すのではなく、学生同士や学生と教師が活発に議論する相互交流のある授業、丸暗記でなく考える教育」というように、非常に進んだ良い教育が行われているという印象がありました。アメリカも当時は輝いていたのです。

しかし、アメリカの憲法は「教育を受ける権利は基本的な人権である」と認めていません。教育はあくまでも各州の裁量に任せられているのです（7）。

教育予算は地域の固定資産税と寄付金が財源となりますので、裕福な地域では多額の教育資金が集まりますが、貧困地域では教科書や授業に必要な備品にも事欠くというように、極端な地域格差が生じてしまいます。

最近はその上にスタンダードやアカンタビリティという考えや、効率主義、商業主義が幅を利かせて「教えるという行為が点数を上げるという行為」に取って代わられていて、教育産業が教育を浸食するようになり、公教育が危機にさらされています。

この傾向はグローバルスタンダードという大義名分を振りかざし世界中に広がりつつあり、日本も例外ではありません。

このような傾向が顕著になってきたのはレーガン大統領以降に教育の活性化という目的でチャータースクール（公設の民営校）を発足させたこと、学校選択を自由にしたこと、から始まりました。それにより学校の序列化、地元の公立学校の衰退や閉鎖が起こり続けています。公教育の崩壊です。

さらに、最近はＯＥＣＤと連携したＰＩＳＡが発表するたった三つの数値に、世界中が振り回されコントロールされつつあります。ＰＩＳＡを運営する世界最大の教育出版社は、いろいろなテストや大学進学適正試験の運営、学力調査、教材カリキュラムの開発、模擬試験、コンサルティングなどを通して、世界中にグローバルスタンダードを強要しているというのが現状です。教育コンテンツのコード化と標準化です(7)。

アメリカではこの行き過ぎた商業主義に歯止めをかける動きも活発になっているよ

うです。シカゴの教員組合は「労働組合から教育者の集団」となることをめざして、いろいろな活動を展開して教育のあり方を変え市民の賛同を得て、公教育の復活を成し遂げつつあります。

このように現在は、それぞれの州の事情や特色があった公教育とグローバルスタンダードという画一的で商業的な教育のせめぎ合いが起こっているのです。

六　アメリカの大学生活

大学への入学は、簡単な共通試験、高校の成績、社会活動等の実績、面接をクリアすれば認められますので比較的容易です。しかし卒業するには猛烈に勉強しなければなりません。また四年間で卒業しようと考える人も少なく、一年の半分は大学で学び残りは学費・生活費を稼ぐために働くということも頻繁に見られます。日本のように高校からすぐに大学に入り四年経てば卒業していくというような自動的なものではなく、一言で言えば〝自分の目的のために、自分で考えて行動している〟のです。

授業は教師による一方的なものでなく、一週間に二百ページ以上の本を読み、週末の金曜日にはそれをまとめてみんなの前でプレゼンを行い、ディスカッションをして学ぶというスタイルです。

図書館、カフェテリアは二十四時間開かれているので、試験の前などは寮まで帰らないで一晩中ここで勉強する学生もざらにいます。

とにかくどこにいても常に本を読まなければ追っ付かないというほど勉強します。

七 ホームレスの学生

アメリカの各大学は授業料が高いので、ちゃんとしたアパートに入れず友人、知人宅を泊まり歩いたり、二十四時間オープンのスターバックスのような店で夜を明かしたり、車の中で眠ったりする学生、いわゆるホームレスの学生がいます。

このような学生は、公立か私立を問わず、どの州かといったことにも関係なく、全米で十二〜十四パーセントいるといわれています。一般に四年制の大学で寮生活だと年平均三万三千ドル（三百五十〜四百万円）位かかりますので、大学の奨学金や給付金ではなかなか賄いきれなくなっているのです(14)。

一方各州にはいくつかの公立大学がありますが、レベル、人材養成目標、授業料等それぞれ異なりますので、少しでも良い大学で学びたいと考える学生は、八月に入学して半年後にはさらに良い大学へサッサと転校していくというケースが往々にあります。その際、家族は持ち家を売り払い学費に当てることもあるといわれています。もちろん陽気な国民性ですので、学生たちは週末やお祭りの際は良く遊び、はしゃぎます。メリハリをしっかりつけて大学生活を送っているのです。

過酷といえばそれまでですが、自分のキャリアアップのために、明確な目標をもって頑張っている学生像が目に浮かびます。我が国の学生の甘さ、幼稚さ、目的の矮小さと比較すると天地の違いがあるのではないでしょうか。

八　アメリカの歴史教科書

子どもたちにいかに正確に歴史を教えるかは大変重要な問題です。国の成り立ち、アイデンティティ、戦ってきた戦争など、現代に至るまでの過程をわかりやすく、正確に記述し教えることは大事です。

ここでは少し視点を変えて、アメリカの小学生のための歴史教科書を分析してみました。

冒頭は、一四九二年スペイン国王の命をうけたコロンブスが西インド諸島にたどり着いたことから書き出されています。

インディアンとの交渉や戦い、イギリス帝国との争いなど長い困難な苦しい時期を清教徒がいかに団結して戦い続けたか、すなわち建国に至る過程が詳しく述べられています。

そして独立宣言、州、連邦政府の制定、国家国旗の制定、中西部やテキサスへの侵攻、メキシコとの戦い、インディアンとの攻防等が述べられ、カリフォルニアに至るまでの広大なアメリカ合衆国が誕生したのです。ここまでがアメリカの隆盛期です。しかし、ここから苦境の歴史が始まります（8）。

1）南北戦争

北部は商工業が発達し自由と民主主義を追求していましたが、南部は綿花の栽培のためアフリカから多くの黒人が連れてこられ奴隷として働かされる格差社会でした。両者の考え方が全く違っていたのです。

リンカーンが大統領になると南北戦争（一八六一～一八六三年）が始まり国を二分します。そして長い戦いののち北軍が勝利し奴隷解放宣言（一八六三年）を経て現在の民主国家の基礎ができあがりました。

2）西部への拡張

ミシシッピーからロッキー山脈に至る広大な草原は、バッファローが生息しインディアンの住む豊かな土地でした。しかし鉄道の建設、ゴールドラッシュによる西部への人の流入により、インディアンは居留地を次から次へと変えられ、狭められ、追いやられました。ここにもアメリカの負の歴史があります。

3）第一次世界大戦

イギリス、フランス連合軍とドイツとの戦いで、アメリカは当初は中立でしたが、一九一七年に連合軍に参戦し、これにより戦況は大きく動き連合軍が勝利します。この戦争では大型爆弾、火炎放射器、機関銃等近代兵器の登場によって数百万人の命が失われました。

一九二〇年代は、電気掃除機、洗濯機、冷蔵庫が登場し大型の車が次々に作られアメリカは大繁栄しますが、度を超した狂乱の時期でもありました。繁栄は長く続きません。一九三〇年代にはバブルがはじけ大恐慌となります。

4）ニューディール政策

このとき、ルーズベルト大統領は「最大かつ第一の課題は人を仕事につかせること」と考え、ニューディール政策を打ち出します。

自然環境の整備、道路、橋、発電所の建設と修理、巨大ダムの建設、作物の作り方の改良、保険制度の導入など、考えられる政策を次々に立案実行して苦境から立ち上がりました。

ここで私たちが学ぶべきことは、優れた政策はもちろん必要ですが、それにもまして大事なことは、「そのもととなる理念、コンセプトである」ということです。

5）第二次世界大戦

ドイツのヒットラーは、オーストリア、チェコスロバキア、ポーランドに次々に侵攻しました。これに対抗してイギリスとフランスは立ち上がりましたが、ドイツの戦力は強力で、オランダ、ノルウェーを経てフランスも数週間で制圧されました。

イギリスでは無数の飛行機による爆撃を受け何千人もの人が亡くなりますが、チャーチル首相は「どんな犠牲を払っても自分たちの島を守る」と降伏しませんでした。

アメリカは当初は戦争に消極的でしたが、ルーズベルト大統領はドイツの行為は民主主義の存続をゆるがすものと考え、イギリスに船舶、飛行機、武器、爆弾を送り百万人を徴兵します。しかしアメリカを最終的に戦争に加担させたのは日本です。

一九三七年頃から中国や東南アジアに侵攻していた日本に対し、ルーズベルトは石油、鉄、ゴムの輸出を禁止していましたが、一九四一年十二月七日に突然ハワイの真珠湾が攻撃されたのを機にイギリス、フランスの連合国として戦争に入りました。

当初はドイツ、イタリア、日本の枢軸軍が優位でしたが、ノルマンディに百万人を超す大軍を上陸させ、ドイツ軍を押し出し、太平洋でもミッドウェイ、フイリピン、沖縄の激戦を経て日本軍を打ち破っていきました。

6）原爆の投下

東京、名古屋、大阪等の大都市が焼夷弾で焼け野原になってもまだ二百万人の兵士がいて、民間人も武装し死ぬまで戦うことを訓練されていることから、戦争を終わらせるため一九四五年八月六日広島に原爆が投下されました。瞬時に八万人の命が亡くなり、後にも何万人もの人たちが火傷や放射能で亡くなります。広島への新爆弾の後も日本政府は降伏を拒否し、三日後に長崎に二発目が投下され、ここにやっと日本政府は連合軍に降伏しました。第二次世界大戦は六年にわたり四千万人の命が失われ終わりました。

7）冷戦

戦後の大国はアメリカとソ連でした。かたや民主主義かたや共産主義の相容れない対立になります。朝鮮半島は南北に二分され、ソ連と手をくむ中国とアメリカの間に苛烈な朝鮮戦争がおこり（一九五〇〜一九五三年）、南北の分断は現在に至っています。

8）ケネディとキューバ危機

一九六〇年に若干四十三歳で大統領に選出されたケネディは、六〇年代に人を月に送り込むという目標を立て、人々を奮い立たせます。しかし、六二年にソ連がアメリカの目の先のキューバに基地を作り、核弾頭を打ち込むミサイルを配備したことによって、米ソ両国は核戦争の危機に見舞われます。ケネディは海上封鎖によってソ連が核を持ち込めないようにし、いつ核戦争が起こるかわからない状況となります。

このときフルシチョフは、アメリカが海上封鎖を解きキューバに侵攻しなければミサイルを引き揚げることを申し入れ、危機が回避されたのです。

9）ベトナム戦争

ベトナムは北が共産主義、南は反共主義に別れ激しく対立していました。ケネディとその後のジョンソン大統領は南ベトナムに約五十万人のアメリカ兵を送り支援しますが、ジャングルのなか、全く戦況が掴めず戦争は長引きます。アメリカ国内は戦争の意義について賛否両論となり激しく対立します。ニクソン大統領は七三年に北ベトナムと停戦協定を結び、十年以上続き五万人の兵士を亡くしてアメリカに大きな分断と疲弊を残した戦争は終結しました。

第三章　歴史の教え方

一　公正な歴史編集

歴史は分析し記述する人の視点により事柄の解釈が異なることがあります。従ってフェアな立場で編纂することが最も大切です。

前章のアメリカの小学生用のための歴史教科書（もちろん検定はない）を読んだ率直な印象は、良き成功例も恥ずかしい負の部分も同等に非常にフェアに扱い、やさしくわかりやすい言葉で書かれているということです。衰えたとはいえアメリカ文化のすばらしいところではないでしょうか（8）。

二　日本の歴史の教え方

小学校には歴史という教科はありません。そこで四～六年生の社会の教科書について、歴史の扱いを調べてみました。

日本の誕生については、日本列島がまだ大陸に繋がっていた時期に北（中国、朝鮮半島）からと南からの二つのルートで日本に入ってきた人たちが土着の民族と共存し現在の日本人になっていること、そして旧石器、縄文、弥生をへて狩猟中心から農耕文化が発達してきたと書き出されています。事実に即した客観的、科学的な解説だと考えられます。

しかし、小学生とはいえ、現在の教科書ではあまりにも身近で現実的な生活事象に対する記述ばかりが取り扱われ、歴史的な香りや視点は皆無といえます。過去の行き過ぎた過ちへの反省が強すぎるためでしょうか？　大事なことは、小学校の高学年頃から国の始まり、起源についてしっかりと平易に教えることだと思います。そうすることによって国を思う心が自然と育まれるのではないでしょうか。

三　国の成り立ちについて考えさせられたこと

最近、日本の歴史について考えさせられる大きな出来事がありました。

日本神話では、天照大神が三種の神器を授けて降臨したのが日本の始まりであるとされていますが、天皇制は、大和地域で力をもっていた勢力が神武天皇として前六百～七百年頃に初代天皇につき、以降二千年以上にわたり今日まで万世一系として続いています。

先日行われた令和天皇の即位の礼においては、三種の神器をなぞらえた勾玉と剣が神々しく取り扱われ、天皇の神格性を高めるのを目の当たりにしましたが、神話と現実の混同が現に存在しています。

新たに即位した天皇が一世一代限り執り行う大嘗祭は二十を超える神事からなるそうですが、その中心は、皇室が祖とする天照大神などに新米をはじめ酒、果物、野菜、海藻など全国から奉納された神饌をそなえ、五穀豊穣と国の安寧を祈る儀式です(9)。

儀式は三種の神器のうち剣と勾玉を間近において行われましたが、天皇家の文化とはいえ神道色の強い儀式です。しかも、百人を超す宮大工によってこの儀式のために建造された三十を超す館(宮々)は、一般公開のあとすべて撤去処分されるということです。

二〇一八年秋、秋篠宮様が「大嘗祭については皇室の行事なので宗教色の強いものです。従って国費で行うのでなく天皇家の私費の内延会計で行うべきです。言ってみれば身の丈に合った儀式にすべきもの。それが本来の姿ではないでしょうか」と指摘されましたが、今回は天皇が神であった明治時代と全く同じように国の行事として大々的に行われました(10)。

庶民感情からすると、多額の公金を使ってなぜここまで行わなければならないのかと考えさせられました。天皇の神格性は今も変わっていないのです。文化という概念に支えられ旧態依然に行われたといえます。そういう意味では今回の儀式は、今後の天皇制を考える上で良いきっかけになったといえるのではないでしょうか。

即位の儀や大嘗祭が終わった数日後に行われた親謁の儀も、国民感情からはかけ離れたものでした。天皇家の始祖であるとされる天照大神が祭られている伊勢神宮に即位が終わったことを報告するというものです。

東京から馬車、馬、車等多くの儀式用の品々を前もって運び入れ、そして多数の人々を引き連れて始祖の天照大神はじめ神々に二日間にわたり報告されたのです。その際もやはり勾玉と剣を携えて神々しく行われました。

天皇家の文化の継承として行われたものですが、天孫降臨という神話の世界と現実がまだ区別がつけられていないのです。

天皇家の儀式という特異な例を、一般の社会の出来事と一緒に論ずることが適当かどうかは別ですが、このような思考法は、きちんと科学的に考えるのではなく、ただただ現状を受け入れるという習慣であり、今日の日本の日常生活や社会において根強く残っているのではないでしょうか。

思考停止に陥り、深く考えることを得手としない日本人の特色、最大の欠点が、あらわになっています。

二十世紀まではこれで良かったかもしれません。しかし、この国際的で情報化時代の今日、このような発想では、とうてい世界の潮流に取り残されていくでしょう。常に心して改革していくことが大事です。

現在の天皇は国民の象徴です、神ではありません。〝象徴〟の意味を、国民が今一度考え直すことが必要になっていると思われます。

現天皇は地球環境問題に大変関心をおもちで、科学的マインドと探究心の強いお方と伺っております。皇后も国際経験豊かな外交のプロフェッショナルですので、これからのお二人には国内はもちろん、世界の平和のために国際的に大いに活躍されること、また欧州の皇室のように庶民に近い開かれた皇室像を作っていただくことを願っております。

第四章　日本の低落

かつて世界第二位の経済大国で科学技術立国であった日本ですが、今その相対的な地位はかなり下がっています。国民はまずこのことを自覚しなければなりません。今の日本は住みやすい豊かな国ではなくなっているのです。それは以下のデータから明らかです。

ＧＤＰはまだ世界第三位ですが、一人当たりのＧＤＰは二十六位、給与レベルは十九位、保険の償還率は三十位、教育への公的支出はＯＥＣＤ四十一か国中四十位、世界幸せ度ランキングは五十六位（平均寿命、寛大さ、社会的支援、自由度、政府機関の腐敗度などから判断）、男女の平等性百五十三か国中百二十一位。

このように今の日本は中流の国に成り下がっているのです。

一　なぜ弱体化したのか？

どうして日本はこのように不甲斐ない顔の見えない国になってしまったのでしょうか。

二〇一九年秋、CO_2削減目標の取り組みについての国連のグテーレス事務総長の要望に対して、小泉環境相は何の前向きな発信もできずに終わってしまいました。また世界に失望感を高めてしまったといわざるをえません（11、12）。

いつまで経済一辺倒でいくのでしょうか（15）。いつまでアメリカ追従でいくのでしょうか。いつまで思考停止状態を続けるのでしょうか。

今こそ日本の将来を見越して国のあり方、大きなフレーム、独自の戦略を立てなければ、ますます世界から取り残されていきます。国内政治はスキャンダルや小さな各論の議論ばかりに時間を浪費していますが、与野党ともに国の根幹の問題を議論するのが国会の役目ではないでしょうか。

二　各国はしたたか

北朝鮮のやり方は良いとは思いません。世界の平和を脅かす存在になっています。しかし国益を守るため明確に主義主張し行動しています。

イラクもなかなかしたたかな国で、言行の一致を見ないこともありますが、自国の独自性を守るためアメリカにもしっかり主張し、譲らないところは譲らないと明確に世界に発信しています。

韓国、トルコ、シリア、ＥＵ諸国しかりです。自国の国益を守るためそれぞれ明確に自己主張をしています。

三　ひるがえって我が国は

温暖化の問題しかり、核廃絶の取り組み方しかり、国防しかり、輸出入の問題しかり、すべてをアメリカに依存し、ただただ従う不甲斐ない国に成り下がっていないでしょうか(16)。また文化面では万世一系の天皇という概念にとりつかれ、現実と神代の世界がまだ混在している、世界で唯一の不透明な国になっていないでしょうか。

ではこのようになってしまった要因は何でしょうか？

経済至上主義

国防を米国に依存

成功物語から脱却していない

国際化が周回遅れ

いろいろな規制

情報産業やＡＩの遅れ

教育体制の形骸化

古い天皇制の存続

等々が考えられます。

このような諸課題に、新機軸と新しい切り口で抜本的なイノベーションを行わなければ国の将来はないといえます。

四　ＡＩ革命

現代はコンピュータと計算ですべてのことが処理される時代となりました。その根幹はディープラーニングとビッグデータです。

かつてのコンピュータによる計算は二～三層のネットワークで行っていましたので正確ではありませんでした。現在は五～六層のネットワークで行われているため、繰り返し演算するとデータの中にあるパターンを自律的に認識できるようになりました。単なる足し算ではなく、特徴を抽出して判断することが可能になったのです。従って最適解がぐっと求めやすくなりました(13)。

一方、ビッグデータを相手として検索しますので、精度が格段に上がり、コンピュータの進化により速度も飛躍的に上がりました。

ＡＩ技術はこれから飛躍的に進歩していきますので、二十五年後の二〇四五年頃には技術的特異点に達し、人間の脳のレベルを超えることが予想されています（カーツワイル）。

あらゆることをＡＩで行うことが可能になると予想され、現在ある職業の半分はＡＩによって取って代わられるというのです。人間はいったい何をするのでしょう？

また、食料問題、難病なども克服されるだろうとバラ色の世界が描かれていますが、はたしてそのように上手くいくでしょうか。

これらはＡＩのポジティブな、光の面ですが、一方ＡＩには気をつけなければならない恐ろしい負の面があります。技術的特異点を過ぎると人間の意志とは無関係にＡＩが暴走する可能性があります。

そうすると貿易経済活動、情報戦争、宇宙戦争への介入など、ＡＩの一人歩きによって世界の平和が保たれない可能性が出てきます。

厳粛な倫理観、公共性、安全性を前提にして開発していかないと、とんでもないことになり、人類と地球が滅びてしまう危険性があります。

五　中国の脅威

中国はＡＩの開発を最優先の国家戦略に掲げています。聞くところによると、最優秀な十八歳の若人を選りすぐってＡＩの開発に専念させているとのことです。国家がバックにいること、ビッグデータが取れること等を考えると、中国がＡＩ技術を先行し独占する可能性があると考えられます。

今は米中貿易交渉で互いに高関税を掛け合い啀《いが》み合うという不安定な状況が続いていますが、たとえば、中国が将来アメリカを相手にせず、アフリカ、アジア諸国、中東、ＥＵとの貿易に専念してアメリカ外しの戦略を立てる可能性もなくはありません。現在模索中の一帯一路政策は、まさにこれに通じるもので荒唐無稽な話ではないのです。そうなると覇権国家のアメリカは衰退し、単なる米州の一国家に成り下がってしまう可能性があります。

しかし、中国には言論の統制、監視社会など国内に課題が多く、新疆ウイグル自治区やチベット自治区との文化の違いによる対立、そして香港、台湾との一国二体制の問題、さらに南シナ海での覇権問題など、国内外的に多くの課題を抱えています。世界の一級国になるためには解決しなければならない難題が多々あります。

アメリカも現在のトランプ政権のように国際的な視点をなくし、自国中心主義を追求している間は世界のリーダーにはなれません。

世界のオピニオンリーダーとして各国に説得力を発揮するには、個人の人権と自由を保障し、自国及び相手国と公明正大に付き合っていけることが重要ですが、現在の各国の動向を考えるとそれぞれ課題を抱えていて、近い将来そのような状況になることが容易でないといえます。

第五章　大学教育のガラパゴス化

現在の日本には、次のような多くの課題があります。

人口減、少子高齢社会

温暖化

自然災害

福祉政策

格差の再生産

国際化

和という素晴らしい文化の衰退

教育

政治、経済、外交

これらの課題すべてについて議論するのが本書の目的ではありません。ここからは長期的な国の形を考える上で最も重要な教育のあり方、とくに大学教育の現状と課題、問題点、その解決法について考えていきましょう。

一　安倍政権下のグローバルスタンダード

安倍政権は二〇一九年秋に最長の在位日数となりました。しかし、教育に対する考え方や打ち出す政策を考えると喜んでばかりいられません。

二〇一五年に出された文部大臣通達は全く馬鹿げたもので、文科省は教育を担当する省庁なのかと頭を疑いました（経済産業省ならいざ知らず）。

「文学部や社会学部のような文系の学部は、自然科学分野と異なり目に見えた成果を上げていない。このような学部が社会に貢献できるように改組されたい。そのような取り組みを行う大学には予算をつけます」というものでした。

法人化後は大学の基本活動費である運営交付金を毎年減らし、特化した一部の分野には大型予算をつけているのと同じ発想です。

読解力、思考力、判断力や倫理観を重視し、これらを養う人文社会学系の学部は人権や民主主義の基礎をなしていて、表層的で経済優先の現代の社会にはなくてはならない学部であり、今後さらに必要になってくると思われるのに、このような通達です。根本的に間違っています。

入試に対する昨今の文科省の動きもしかりです。何を考えているのでしょう。

英語民間試験を共通一次試験に強引に組み込もうとし、「身の丈に合った準備をしてもらえばよい」との大臣の発言、これが文科省の考えなのです。悲しくなります。また国語や数学の記述型の試験を共通試験に入れようとしたことも同様です。民間業者に採点を丸投げにすれば、アルバイト等で素人が採点することとなり、公平性が保たれないのは明らかです。このように教育の原点である入学試験も民間（市場）主導の商業主義が蔓延《はびこ》っているのです。

しかし何よりも残念なことは、一遍のテストを導入するだけで英語力や読解力が上がると考える浅はかな発想です。教育という人と人との交わりの重要性が本当にわかっているのかと考えざるを得ません。

現代の多くの学生はテスト中心の知識詰め込みの暗記型授業に晒され、大学に入ることが目的でそれが人生の成功だと盲目的に信じています。目の前の与えられた試験の結果を出すことだけに集中していて、いろいろな可能性がある長い一生の目的をはき違えていませんか。大学入学は入り口であり、そこから勉学し自らを高めていかなければならないのです。全くの本末転倒といえるでしょう。

日本の現状は、試験、試験に追われ考える力がない状態、思考停止状態になっているといえるでしょう。大事なのは、常に自分の頭で考え続けることと相手の立場に立ち考えられる想像力なのです。

このような観点から日本の良さを生かした教育を立て直さなければなりません。

二　大学教育の問題点

1）センター試験の導入以降偏差値が大学選びの物差しになっていて一人歩きし、本当に自分が勉強したい学部学科が選ばれているか。

2）良い大学に入るためには、幼少時から塾などに行かなければ入学がなかなか難しい。家庭の経済的状況が大学入学に影響している。これが格差の再生産に繋がっている。

3）四年制の大学では、一・五〜二年間しか専門教科を学ばない。就活の通過点になっている。

4）大学、学生、教員のすべてが内向きになっている。

5）国際化が大変遅れている

6）ＡＩ技術が周回遅れ

7）教育内容と研究内容の質の低下。

教育内容が通り一遍である。勉強や研究をしない教員がいる。大学のスタッフが任期付きや委託職員が多くなったため、短期の成果が求められ、十～二十年という長期のスパンで研究することできない。

等々の問題があります。

これらは長い間、抜本的な教育改革を行わず、小手先の技術論だけで済ませてきた付けが回ってきた結果であり、世界のレベルから大きくかけ離れています。

三　大学教育はガラパゴス化している

1）偏差値の横行

センター試験の導入以来、全国一斉に行われるこの共通試験結果（偏差値）が最も重要視され一人歩きし、学生たちの進路指導に大きな影響を与えています。自分の特性や長所に適した学部の選択ではなく、偏差値に適した大学や学部選びが行われているのです。

何事も数値化し、それがすべてであり、数値に惑わされて自分の考えが疎かになっています。ここにも日本人の思考停止が見られます。自分の将来を決める大事な大学・学部選びに思考が排除されているのです。このような学部選びでは将来の大きな成長・発展は望みようがありません。

2）経済状況が大学入試に影響

偏差値が一人歩きすると高偏差値を得るために、小学校時代から塾に通い、より良い中学や高校をめざし、知識と記憶を高めるための受験勉強が激しくなっています。偏差値はある程度上がるでしょう。しかし、それ以外の余裕が全くない学びですので、非常に偏った思考法をもつ〝いわゆる良くできる人〟ができあがります。

また、こうしたことは裕福な家庭にしか対応できません。平均以下の低収入の家庭では対応できないのです。ここに貧富の再生産が起こり、格差社会がますます広がることになります。

3）一・五～二年しか専門教科を学ばない

大学は六三三四制の最後の四年間に専門教科を学ぶところですが、その内容をよく見てみると悲惨というほかないほど貧弱になっています。

個々の大学によって多少は異なるでしょうが、入学後の〇・五〜一年間は総合学習が行われ、文学、倫理、英語、数学、物理、化学などを幅広く学ぶことになっています。しかし、これは全く中途半端で学生には何のモチベーションも与えません。また専門教育の基礎となるような教科も設けられていますが、コミュニケーション、協調、思いやり、共働といったたぐいのもので、子どもの遊び程度のものばかりといえます。

三年生の半ばから就活が始まるので、専門教科の教育はせいぜい一・五〜二年間しか行われなく、その内容も通り一遍のもので、成果を問う試験も厳格でないことが多いのです。

このように四年制の大学では自らの専門教科を学ぶ時間は一・五〜二年弱しかないという状況になっているのです。これでは大学といえないでしょう。

4）内向きになっている

現在は国内に何でもそろっているのでわざわざ海外に出かけることは時間の無駄であると考える学生が多く、在学中に国外留学する学生が減っています。これはそれだけ余裕がないともいえますが、すべてが〟良い企業への就職〟という一点に絞られているためと考えられます。

なるほど在学中に海外に行っても目に見えた効果は得られないかもしれません。しかし不自由な言葉に悩みながらも世界の学生たちに肌身で接して得る点は多々あります。何者にも変えられない経験と財産なるのです。

「挑戦するより安定を」、これが今の風潮ですが、これは学生だけの責任ではありません。日本人、日本社会全体がそのような内向きの傾向になっているからでしょう。「Japan N01」、「日本ほどすばらしい国はない」という一種の独善、ナショナリズムが強くなっていないでしょうか。もちろん我が国には他国にないようなすばらしい点が多々あります。しかし世界が見えていないと、とんでもない偏見に陥ります。自己中心的で他を客観視できないという日本人の短所でしょう。

韓国との関係の問題しかり、外国人労働者の受け入れの問題しかりです。全人的な受け入れが最も大事で、それで双方がハッピーになれるという視点を、今一度考えなければなりません。

香港を見てみましょう。

「逃亡犯条例」の改正（犯罪容疑者の中国本土への引き渡し）に反対して二〇一九年の夏に始まった学生、市民の香港政府への反乱は一年が経った現在も衰えることがありません。その根本は民主化運動なのです。

イギリスが香港を中国に返還した一九九七年から五十年間は一国二体制が保障され、現在まで世界に開かれた国際都市として発展してきました。しかし真の自由が保障されていなくて中国中央政府の介入が次第に強くなってきたことに対するリアクションです。残念なことに死者も出ました。体を張って警察権力と闘っているのです。

→

そのようななか、先日行われた香港区議会選挙では民主派が八割を超える議員を獲得し親中派が少数派となりました。学生、市民の民主化運動が勝利したのです。公共施設や市民サービスといった地域の課題を政府に提言するという限られた役割しかありませんが、香港市民の民意を最もよく反映するもので、政府もこの結果を軽んじることができないでしょう。今後少しずつ良い方向に向かうことを願います。

この膨大なエネルギーが今の日本の学生たちにあるでしょうか？

我が国を思い、あるべき姿になるように努力しようとする情熱とエネルギーがあるでしょうか？　残念ながらnonと言わざるをえません。

なるほど現在の日本は香港ほど自由が制限されていなくて、一見安全安心な国かもしれません。しかし、根底には先述のように土台がゆるぎ朽ちかけていく現実があるのです。

そうです。学生のみならず日本人全体が内向きになり、世界の状況をよく見ていないのです。

5）国際化の遅れ

二〇〇四年以降国公立大学は順次法人化されました。各大学が自主運営できるようにし、独自性を発揮して国際競争に期していくためです。

その下で、国際化、グローバル化というアプローチがささやかれ実行されていますが、ごく一部の大学を除けばほとんど効果が上がっていない状況です。

運営交付金が年々削られ予算が足りないこともありますが、大学文化や体制がほとんど変わっていないからです。

日本人ばかり、日本の教科書、日本の参考書を使い、日本語で講義をしているところに海外から学生がやってくるでしょうか？　日本文化や日本語を勉強したい学生はくるでしょうが、その他多勢の学生は寄り付きません。

未だに鎖国状態であって、世界に開かれた大学になっていないのです。そのような大学にしようとする熱意が感じられません。

もちろん一部ではそのような大学づくりに熱心に取り組んでいるところもありますが、総体はそうではなく、全体の仕組みがうまく機能していないのです。

二十一世紀は情報、ＡＩ、国際化の時代です。早急に抜本的に対応しないと日本の将来はありません。

６）ＡＩ技術の周回遅れ

今世紀を生き残っていけるかどうかの分かれ目は、情報産業とＡＩの活用にかかっていると言っても過言ではないでしょう。世界がネットワークで繋がり情報の瞬時の活用とそれを可能にするＩＴやＡＩ技術は生命線ということができます。

そのＩＴやＡＩの技術や研究が世界レベルから周回遅れとなっているのです。若手の人材が育っていないのです。ゆゆしきことです。

ものづくりにあまりにウエートを置き過ぎ、ソフト面の開発が疎かになっていたのではないでしょうか。海外を見ないで内向きになっている若者も、知識と記憶に偏った教育で平均的な底上げを目的として、創造的な人物の養成を怠ってきた結果です。

しかし、優秀な頭脳をもつ日本人です。このような現実を認識し国をあげてこの遅れを取り戻さなければなりません。

新型コロナウイルスの感染拡大への対策としては、何よりも三密を避けることが大事です。テレワークやネット授業等を充実しなければなりません。また、今後都会から地方への移住がさかんになり生活様式、社会構造、文化の形態が大いに変わっていくことでしょう。

予算の投入、若者に特化したＩＴ、ＡＩ教育の構築等が強く望まれます。さもなければ世界の中流どころか下位の国になりさがってしまう可能性があります。

７）教育研究内容の質の低下

以前はいわゆる名物教師と呼ばれる何を言われようが自分のスタイルを追求する教授がいたものです。時流に流されずに「教育とはかくあるべきだ」と自分の考えを学生たちにぶつける先生です。

善し悪しは別にして、このような先生の講義には説得力があり学生も引きつけられました。

今はどうでしょう、そのような先生は皆無ではないでしょうか。

一・五～二年間しか専門教科の講義が行われなくて、それも表層的な教育内容になっています。その成果を判定する試験も定型化され厳しいものになっていないのです。そうです。教師の弱体化、ひいては教育の質の低下が起こっています（2）。

また、多くの教師はまともに研究をしていないのではないでしょうか。論文も熱心に書いていません。当然大学の研究活動が低下します。

一方法人化以降は大学経営のため、委託や期限付きの教職員が増えています。彼らは専属の教員と同じように働きながら決められた期間内に目に見えた業績をあげないと、再雇用されないのです。従って短期間で結果の出るようなテーマを選びがちになります。じっくりと腰を落ち着けて研究する余裕がないのです。研究の深さがないために大きな成果が望めません。日本の研究レベルの低下に繋がります。

8）大学のランキング

最近の世界の大学の総合ランキングでは、一位がケンブリッジ、二位がハーバード、三位がオックスフォードと、欧米の大学がトップを占めています。日本で最も予算を投入されている東大は三十何位、京大は七十何位というように低迷しています。先述したような現状を考えると、今後さらに低下し、近いうちに百位にも入れなくなるのではと心配です。

日本の今の大学教育は、偏差値によって割り振られた学生の入学、知識の切り売りという古い体質、教育内容が薄っぺらで専門化が薄れ、就活のための通過点になりさがっているからでしょう。最高学府であるべき大学教育が非常に弱体化しているのです。ゆゆしき問題で国の将来が危ぶまれます。

第六章　医学部の問題点

医学部は六年制で医師を養成する学部です。医師は専門知識・技術はもちろんですが、人間とくに患者という弱者を対象にしますので、人間性、思いやり、使命感が求められる崇高な職業です。

では現在の医学部はそのように運営され機能しているでしょうか？

医学部には次のような問題があります。

一　偏差値の最も高い学生が入学してきていて、本当に医師という職業を聖職と思って入ってきている学生が少ない。

二　受験勉強一辺倒で過ごした学生が多く、人間性、使命感、思いやりという点が二の次になっている。

三　教育の方法が前世紀型の遅れたもので、世界に開かれたものになっていない。

四　学ぶべきことが多すぎることもあるが、相変わらず知識詰め込み教育で、国家試験の合格を大きな目標にしている。

五　海外からの留学生がほとんどいなく、日本人による日本人のための大学になっていて、国際化が遅れている。

以降は、これらの問題点を一つ一つ見ていきましょう。

一、二　偏差値だけで良い医者になれるか?

二〇一九年秋、半年後に卒業する公立大学医学部の六年生に講義をする機会がありました。筆者が医学部の学生だった頃と比較すると、きりりとひきしまり良くできそうな表情の学生が多いことにまず驚きました。優秀なのでしょう。

将来どのような医師になりたいか、どのような道に進みたいかと尋ねると、患者さんに寄り添う医師、世界で頑張れる医師、などとしっかりと将来像を描いているのにも驚き、感激しました。

しかし、実際にそのように上手く成長していってくれるのかどうかはわかりません。講義の途中で書物を読むことの重要性の話になり、「常に新聞を読んでいる人は」と尋ねると、百人中ゼロ人でした。下宿している、通学に時間を取られることなどがあるのでしょう。しかし百人すべてが新聞を読んでいないのです。スマホで必要な情報を得ているのでしょうが、日常的にじっくりと文字を読むことがなくなっているのです。

自分の関心のあることについてはピックアップして情報を得るが、その他一般のこと、日々世界で起こっている政治、経済、社会問題には興味がないことを示しています。

これでは〝使命感や思いやりをもち、全人的な総合力が求められる良い医師〞になれる保障は少ないと言わざるをえません。

これは、研修後に進む専門科の選択においても、九時～五時、過酷でない、身入りがよい、開業しやすい等の要因が優先され、自分の興味関心のある専門科や社会が最も必要としている専門科が選ばれなくなるという現象に繋がっているのではないでしょうか。心配です。

三　日本の教科書、参考書

今の日本には、ブラジルをはじめとして東南アジアの各国からも多くの労働者が働きにきています。病院にもこれらの患者さんが訪れることは日常茶飯事です。それぞれの母国語での対応はむつかしいので、英語によるやり取りが必要となります。このように社会は大きく変わってきています。

このようななか、我が国の医学教育は大変古くガラパゴス化というか、全く旧態依然のまま変わっていないのです。医学という全人的で、国際的であるべき領域の教育が、日本人による、日本人向けの教育体制のままで、全く国際的に開かれたものになっていないのです。

大概の医学部では〇・五～一年はいわゆる総合教育にあてられていて、高校より高次ですが英語、数学、生物、物理、化学、文学、倫理、哲学、政治学等から一定の科目を選び学ぶことになっています。また二年目以降の専門科目への導入として、臨床現場の見学や共働、協調、思いやり等の概念を学んだり、実習したりしますが、前述のようにこれらは非常に中途半端で底の浅いもので、学生たちには何のモチベーションも与えません。

カリキュラムの組み立ては、法人化後は大学に任せられているので大学によって多少の差はあるでしょうが、二年目から四年目は解剖学、生理学、生化学の基礎医学教育を、続いて病理学、衛生・公衆衛生学、細菌学・ウイルス学、法医学などの社会基礎医学を学び、この段階でスクリーニングを行います。合格者は内科学、外科学などの臨床科目の授業へと進み、不合格者は留年ということになります。五年目は〝ポリクリ〟と言って、すべての臨床科の実習を行います。六年目の前半も引き続き臨床実習を行い、夏休み以降は卒業試験（臨床科目）と国試の準備となります。

問題なのは、これらのすべての講義、実習が日本語の教科書、参考書を使い、日本語で行われていることです。ときには英語の参考書が使われることもありますが、むしろ例外です。

穿った見方をすると、学生たちはけっこう高い英語力をつけて大学に入ってきたのですが、自分自身でよほど努力しないと、この六年間の日本語だけによる教育で、卒業時には英語の力が入学時より落ちているといわれます。ゆゆしきことではないでしょうか。

日本人の教師が日本の教科書、参考書を使い、日本語で講義する大学に海外から留学生が入ってくるでしょうか？　答えは明白です。優秀なアジアからの学生たちは日本をパスし、欧米の大学に留学するのです。最高学府の医学部の教育は、国際化が常識の世界から取り残されているのです。

筆者はこのことを懸念して医学部長を務めていた約二十年前ですが、自分の脳生理学の講義の約半分は英語で行っていました。学生たちは最初こそとまどいましたが、「先生、なかなか新鮮です。英語の講義を続けてください」と要望されました。

この経験を全国医学部長会議の教育分科会で話し、「とにかく各大学で英語による授業を始めましょう、百パーセントとは言いません。三十〜五十パーセントで良いのです。始めることが大事なのです」と訴えましたが、現実はなかなか厳しく、現在でも一部の私大の医学部を除いてほとんど行われていないのではでしょうか。

学生たちは若く無尽蔵の好奇心とエネルギーをもっているのです。しかし、それを阻害しているのが今の日本の教育法、そして自己保身にきゅうきゅうとする教授陣なのです。

文科省はこれに対して何の見解も示していません。それどころかピント外れの技術論的な個別の政策を打ち出しているだけです。

前にも述べた英語の民間試験が最たる例です。全国一斉に行うためにその準備を民間業者に丸投げにしたのですが、民間業者は営利が目的ですので、文科省と多額の契約を結びましたが、できるだけ効率よく行うために試験会場は大都市近辺に限ろうとします。予備試験は何回も受けられけっこう高額の費用がかかりますので、都会の受験生には有利ですが、地方や過疎地の学生たちには大変不利なことがわかり、結局準備不足を理由に中止されました。

教員の変形労働時間制もしかりです。教員が絶対的に不足しているという根本問題に目をつぶり形だけを整えたものです。これでは授業への準備、保護者への対応、クラブ活動での残業など教員の過重労働はなにも解決されません。むしろ公然と強要されるもので、改正どころか改悪といえるでしょう。

入試の記述問題も議論が行われていますが、共通試験ですべての学生の記述能力を上手く能率よく判定する方法はありません。民間業者に採点を任せるということになれば、アルバイトで雇われた素人が判定することになり、結果が悲惨になることは目に見えています。

記述能力は各大学の二次試験に任せれば良いのです。自校への入学をめざす限られた学生について、それぞれの教員が真剣に対峙することでまともな判定ができるでしょう。

このように文科省の政策は全く場当たり的で〝教育はかくあるべきだ〟という深い考えや哲学が感じられません。不幸なことです。

医学部に関しては、とにかく英語で授業を始めることが第一に必要なことではないでしょうか。

「日本の大学なのだから何も英語で講義することはない」、「日本語で医学全般を学べることは素晴らしいことである」、「日本の文化を大切にすべきである」、「英語は必要なときに喋られればよい」などと反論する人がいるかもしれませんが、それは全く間違っています。英語で医学の講義をすることは世界の常識です。決して日本文化を損なうことになりません。両立すべきことなのです。

韓国の大学ではもちろんハングル語での講義がありますが、〝教授になるためには英語で講義できること〟という条件をつけて教授を選考していて、講義の多くが英語で行われ国際的な開かれた大学づくりをめざしています。シンガポールは世界でも有数の小国ですが、教育、金融、貿易、輸送、人的資本、イノベーション、ヘルスケアなどの世界の中心となっています。華僑、マレー人、インド人などの多民族国家ですが、教育を最も重視し国防費に次いで二番目に多額の教育予算が盛り込まれているのです。

〝どのような国づくりをするのか〟、〝どのように世界に発信し生き残って行くのか〟を明確にした国づくりが行われているのです。日本とは非常に友好的な間柄ですが、今の日本にはシンガポールに学ぶべきことが多いという状況です。

四　知識の詰め込み、国試合格

医学部を卒業しても国家試験に合格しなければ医師になれません。当然のことです。この国試は膨大な医学知識をどれだけ習得しているかを判定します。合格率は八十パーセント後半から九十パーセント後半ですので決して難しいものではありません。医学部に入ってくる能力のある学生であれば、六年生の後半の半年位で集中的に取り組めばクリアできます。

しかし、今の医学部教育は情報量や学ぶべき知識量が多いこともありますが、国試の合格という小さな目的にとらわれ過ぎではないでしょうか。医学部を卒業しても国試に合格しなければ、何の資格もないただの人です。就職もままならないでしょう。かといって六年間という長い期間が、試験に合格するために特化した教育に費やされて良いのでしょうか？　むなしさを覚えるとともに、希望がもてません。

五　国際化の遅れ

日本の医学、医療技術水準は非常に高く、アメリカ、イギリス、ドイツ、シンガポール等と並び世界トップスラスです。けっこうなことです。しかしこのすばらしい現状がどれだけ世界に還元されているかといえば、残念ながら十分ではありません。

成果を世界の人々に向かって提供し、多くの人に恩恵をもたらしてはじめて医学の使命が果たされるのですが。

そういう意味では我が国の課題は、すばらしい成果を発信できるように、もっと国際化することが先決であるといえます。

日本人だけのための教育、国際的に開かれていない教育では、世界から優秀な人材は集まりません。留学生はきません。ますます孤立し世界から離れた島国、いやガラパゴスのように世界と無縁の国になりましょう。

すばらしい資源、能力をもっているのです。国際化を進めて、世界に成果を提供する形にしなければなりません。

第七章　私の受けた教育

「はじめに」の項で書きましたが、本書は日本の古い教育体制を何とか国際的に通用する輝くものにしたいという気持ちから出発しています。

ここでは私事になりますが、筆者が過ごした小中高校大学生活を振り返り、転機になった事柄を思い起こして教育の意義について考えてみたいと思います。

一　小学中学時代

堺市のはずれにある小さな小学校で学びました。運動、勉強の両面で常にクラスの中心にいました。

そして近隣の三つの小学校から集まる堺市立上野芝中学に進みました。当時の上野芝中学は一学年四百名以上の生徒がいた堺一のマンモス校で、英語と数学は能力別クラス編成でした。一年目は生徒数の多さに圧倒されましたが二年、三年と学年が進むに連れ大人数にも慣れました。

まだ戦後十年足らずでしたので、ベテランの英語の先生の授業では米軍人がかぶっていた舟型の帽子をかぶらされ、それに試験の結果を反映する緑、黄、赤色の丸いマークをつける等、競争意識をあおる授業でした。早稲田大学を出たての新進気鋭の先生のネイティブに近い発音や英文学についての解説には強い感銘を受けました。また英文法について二十種類以上のドリルを用意し、希望者には朝の授業が始まる前の一時間に勉強できるようにする等、今考えると、どうすれば教育効果が上がるかに熱心に取り組んでいた典型的なモデル校のようでした。

二　灰色の高校生活

昭和三十一年、名門の三国丘高校（旧大阪第二中学）に入学しました。近隣の中学校から優秀な学生が集まって来ていましたので、英語以外の成績はガタ落ちで四百人の中程の成績で上位に食い込んだ経験はありません。

いちばんいけなかったのは、勉強しなくてはいけないと思いながらも自信をなくして集中できなかったことです。クラブ活動に参加せずクラスにも親友ができませんでした。体育の授業は体が何も悪くないのに休講をとり図書館でもぞもぞしていました。運動会や文化祭にも積極的に参加せず、修学旅行にも行かなかった等、今振り返ってみてもゾッとするほど暗い灰色のわびしい三年間でした。

現在の三国丘高校は文科省のスーパーサイエンススクールの指定を受けているの

で、一年次にインターネット等の情報収集や論理的な思考法を学び、二年次から自分の見つけた社会的、科学的課題について研究して解決し、発表の場を設けて発信する力を養っているようです。一方英語では読む、聞く、書く、話す、のすべての力を伸ばすために環境問題等の国際的な課題に関する英文記事を読んで要約し議論しています。

このような環境だと、私はさらに孤立し落ち込んでいたかもしれません。逆に、得意な英語力を生かし大いに活躍できていたかもしれないと、懐かしく思い浮かべています。

こんな三年間でしたので、いくつかの医学部を受験しましたが当然どこにも受かりませんでした。そして大阪市内のＹＭＣＡ予備校に通うことになります。

三　曇りのち晴れ、和歌山医科大学に入ったこと

当時は、入試は一次校、二次校、中間校というように受験日がそれぞれ異なっていましたので、多くの大学を受験することができました。

筆者は一年の浪人生活ののち、和歌山医科大学、京都府立医科大学、国立大学の医学部に合格しました。ノンポリのナイーブな学生でしたので、大学の規模、格などに

は全く疎く関心がありませんでした。ただ受験の際の手応えが、和歌山医大が最も良く、自宅の堺から近いこともあり、和歌山医大が良いと思ったのです。面接の際「あなたは京都府立医大にも合格していますが、本学に来られるのですか」と問われたのを覚えています。

京都府立医大だと多分中位以降の成績であったろうと思っていますが、和歌山医大では入学者四十名のなかでトップの成績だったのです。そのため入学後直ちにクラス委員に選ばれ、公的な立場に立たされることとなりました。ノンポリでいられなくなったのです。

一九六〇年の入学ですので、六〇年安保の年でした。四〜六月までは〝安保反対〟という討論会が学内で頻繁に行われました。先輩に連れられて東京に行ってデモに加わった際、機動隊の堅い靴で下肢を蹴られ、痛い思いをしたのをよく覚えています。一年の夏頃までは、まともに勉強していなかったように思います。

私生活面では、野球部に入り六年間体を鍛えました。西日本医学生体育大会で広島市民球場まで行き準優勝したこともあります。自治会活動で授業料値上げ反対運動を行い、教授会と対立することもありました（結局は押し切られた）。また、恋愛も経験しました。このように充実した六年間を過ごしました。

今考えてみると、京都府立大に行っていてもそれなりに勉強し頑張っていたと思いますが、多分平凡な臨床医の道を選び、開業していた可能性が高そうです。開業して多くの患者さんの治療に当たることは医師として大事なことですので、それはそれで良かったかもしれません。

しかし和歌山医大を選んだことで私の人生が大きく変わったと感じています。常にクラスの中心にいて、基礎医学にも興味を覚えました。そして何よりも〝インターン闘争〟に係ったことです。そして一生を共にする妻にめぐり会いました。

四　インターン闘争

終戦直後の日本の医学教育のレベルの低さ、衛生状態の劣悪さを目にしたＧＨＱは、昭和二十一年から医学部卒業後一年間の医師実地修練（インターン）を課し、国家試験の受験資格にしました。しかし給与はありませんでした。

政府は低医療費政策を押し進めていましたので、毎年出てくる医学徒を国立病院等に集中的に配備して下働きさせていたのです。

二十五歳にもなって給与が出ないのではまともに研修はできないと、改善運動が起こりましたが、なかなかことは進みませんでした。

昭和三十九年の卒業生は少なくとも国立病院でインターンすることを拒否しようと全国運動を行いました。それでも一向に改善の動きはありませんでした。

五　青年医師連合の結成

青年医師連合（青医連）は、筆者が卒業した昭和四十一年の医学徒がインターン制度廃止を掲げて全国規模で闘った組織体です。

インターン廃止に向かって公然と国を相手に闘ったのです。

1）まずインターンを拒否し、自分らの研修プログラムを作り主に大学付属病院で研修する。

2）一年後の国家試験を受けない。

3）臨床の大学院をボイコットする。

4）博士号も取らない。

が主な骨子です。

六　一年後の成果

当時はまだ各県に新設医科大学が作られていませんでしたので、医学部のある大学は全国で五十校足らず、学生数も三千余名でした。

各大学で何回も討論会が行われ、議論に議論を重ねた結果、運動は徐々に強固なものになり、一年後の国家試験を三千余名中六割強がボイコットしたのです。家庭の事情や、経済的理由、またははじめから運動に反対していた学生は国試を受けました。しかし六割強が国試をボイコットしたということは、交渉相手であった全国医学部長・病院長会議や厚生省（当時）にとっては大失態になります。

臨床の大学院は名前だけで実質的に機能していませんでしたので、これも大半がボイコットされました。

和歌山医大は運動の取り組みが遅れているというので関西の他の大学から多くのオルグが送り込まれ、徐々にテンションが上がるとともに、筆者は青医連の中央執行委員（中執）の一員に選ばれました。ますますノンポリでいられなくなったのです。

前年に開通した新幹線を使い、一か月に一回位の頻度で事務局があった東大医学部の新聞部の部屋に集まり、中執会議を行ったのを覚えています。

運動の根底には、社会の不条理を正すためにはまず〝自分がスリムにならないといけない、自分の利益を考えてはいけない〟という自己否定の精神がありました。当時の学生はまじめでエネルギーがあったのです。このインターン闘争は後の東大闘争や全国の学生運動に繋がっていきました。

全国の学生運動は、その後各派に分裂し、内ゲバを繰り返し、最後は浅間山荘事件で幕をとじました。その後はかえって反動が強くなり、また社会が忙しくなりすぎて学生たちは自分のことだけに精一杯で社会の課題に目を向けなくなっています。大学に立て看一つもないという今の状況は寂しい限りです(15)。

七　立場が人を変える

このようにノンポリであった筆者が中執として公的な立場に立たされたことによって、考えや行動パターンが大きく変わったことは確かです。人は置かれた立場によりその考えや成長度が異なるのです。

春の国試は六割以上の医学徒がボイコットしましたが、組織の維持はなかなか難しく、秋の国試を受け運動は一応終わりました。

しかしこの運動の結果、昭和四十三年度から現在の新しい医師研修制度がスタートしました。新制度では卒業後直ちに国家試験を受け、合格者はその後二年間実地研修を行う。この間給料は支給される、というものです。これでやっと身を入れて研修に集中することができるようになりました。

八　基礎医学に進む

秋の試験を受け組織は解体され、各自それぞれの道を歩むことになります。筆者は運動が終わったことで目的を失い、一時は虚無感に襲われました。そして十月の半ばに基礎医学（薬理学）を専攻しました。

薬理学を学んでいた三年生の後半から薬理学教室に出入りしていたこと、卒業間近に薬理学の村野匡教授（同じく堺から通われていた）に「西野君、貴方は卒業後どんな分野に進むつもりですか」と問われ、「脳神経外科をやりたいと思います」と答えたところ、「いやいや、臨床なんかに進むとまともに研究できませんよ。薬理学をやりませんか」と勧められたのを覚えています。

医学には、内科、小児科、精神科、神経内科、感染症や外科、整形外科、脳神経外科、眼科、耳鼻咽喉科、産婦人科、泌尿器科、麻酔科などの臨床医学分野と、解剖学、生理学、生化学、薬理学、病理学、細菌学、ウイルス学、法医学、衛生学、公衆衛生学、分子生物学などの基礎医学分野があります。一般に百名の医学部卒業者のうち九十七、八名は臨床分野を専攻して臨床医となり、ほんの数名が基礎医学を選び研究活動に従事します。

当時の和歌山医大の薬理学教室は日本でいちばん活発に研究活動を行っていたと思います。産学共同（学生運動の最中は目の敵にされた）を盛んに行い、製薬会社の研究所から多くの若い研究者が研究にきていました。設備はというと、超遠心分離器をはじめ生化学の研究用機器がすべて整い、電気生理学用の機器もそろい、当時としては珍しいコンピュータを備え、電子顕微鏡、電子スピン共鳴装置（ＥＳＲ）、低温低圧室など最先端の設備を整えて研究していました。

教室に入ってみると、週に一回は教室のメインテーマであった「毒物（四塩化炭素など）に対する肝臓機能の変化（肝細胞膜の生化学的変化）」を二、三人で一緒に行い、その他の日にはそれぞれ個別の研究を行うというもので、昼夜三交代で不夜城でした。

私はサーミスターや熱電対を用いて、それらの熱が希釈されていく過程を測定することにより、脳の局所血流量を推定する研究を行いました。

三年ほど経ってかなりのデータが出ていた矢先、大学紛争のあと学長になっておられた村野教授から「西野君、君と増田君は今度新しくできる応用医学研究所に移りなさい」とのご下命です。薬理学をやりなさいと誘われて入ったのに、今度は薬理学をやめて他部門に移りなさい、とのことです。

これには裏話があります。学長になられ大学設置者の県知事との交渉によって応用医学研究所（改組により三部門を設置）を新設したのですが、その見返りに県の要望に応えなければならなかったのです。

先輩の増田康輔さん（後に新潟薬科大学教授）と数か月後に応用医学研究所に移りました。昭和四十年代は各地で公害問題がクローズアップされていて、そこで行った仕事は和歌山港近辺で穫れた魚は食べても大丈夫かどうかということを調べるというものでした。

私たち二人は舟に乗るだけですが、漁師さんが二時間ほどかけて湾内に網をかけます。季節柄かもしれませんが、穫れたのはほとんど太刀魚だったのを覚えています。

このように和歌山港内で穫れた魚と遠洋で穫れた魚を集め、まず業務用の大きなミキサーにかけます。骨も皮もすべて混じった状態のすり身ができあがります。これを五十センチ角で五センチ位の深さの金属のパンに入れ一晩中低圧乾燥します。

翌朝パンパンの板状に固まったものを叩き壊し、そして大小の振るいにかけて細かい粉状にします。なかなか手間のかかる作業でした。

これらを水にとかしてペースト状にし、ネズミに六か月間経口投与して、食べても大丈夫かどうかを個体レベルや血液、内臓、ホルモンレベルで調べました。余程の毒性がない限り口から入ったものは大丈夫なので、このような調査を行っても差がでないのが普通です。しかし、そういうプロジェクトなので一年間に計二回このような実験を行いました。結果は予想したごとく、白でした。

一年後、また学長から「西野君、君はよくやってくれました。しかし、こんなことをしていてはいけません。私の京城大時代の後輩が金沢大学の生理学の教授となり、すばらしい研究をしておられるので、紹介しますから金沢に行って研究しなさい」と言ってくださいました。「ええ、金沢?」。関西を離れたことのない筆者には驚き以外の何物でもなかったことを覚えています。

こうして一九七二年五月に、まず単身で行き、夏から妻と生まれたばかりの幼子二人の四人で小さなアパートを借りて移り住みました。

学長はこの際も私の研究にかかる費用を年に数回、生理学教室に振り込んでくださっていたようで、心からサポートいただき本当に感謝しています。

私はこのように薬理学からスタートし、その後金沢大学医学部生理学、ニューヨーク州立大（ブルックリン）生理学、富山医科薬科大学生理学、岡崎生理学研究所兼任部門、京都大学霊長類研究所、名古屋市立大学医学部生理学そして外国の研究室で多くの研究者、師、同僚と出会い、長年にわたり大変充実した楽しい研究生活を送ることができました。

いろいろな選択肢があるなか、右の方向に進むか左に進むかを、損得を抜きにして決断することが決定的な意味をもつと思います。そして選んだ道でどれだけ多くの先輩、師、同僚と出会えたかが人生が豊かなものになるか否かの岐路ではないでしょうか。私の場合は和歌山医大を選んだこと、村野匡先生との出会いがあったこと、基礎医学を専攻したことです。

第八章　どのように教育改革を進めるか

日本の教育の強さ、弱さ、古さとその改革について考え、そして私の受けた教育について述べてきました。今一度まとめてみます。

小学校では一人の先生が多くの生徒を対象にして一方向性で、知識力、記憶力を重視する教育を熱心に行っています。その先生方は、教育、クラブ活動の指導、保護者との対応、会議、報告会等に疲れ切っているのが現実です。世界レベルに比べると教員が絶対的に不足しているのです。これでは考える教育や個々人のレベルに応じた指導など、きめの細かい教育はできません。またＩＴ機器の整備とネット授業の普及の遅れも目立ちます。

中学、高校に入っても、この一方向性の授業形態は変わらず、次なる入試に向けて知識と記憶を優先する教育がさらに激しくなっていきます（２）。

大学では本来の目的である専門教科を学ぶことが疎かになっています。就活に多大な時間を取られ四年間で一・五〜二年弱しかそれぞれの専門学科を学んでいません。医学部では国際化が非常に遅れていて世界から取り残されている感があります。

このように我が国では、知識をつけ記憶を強化する教育が熱心に行われていますが、自分で考え、答えを見つけていく教育が疎かになっていて、世界レベルから見るとかなり遅れた古い教育体制になっています。自己肯定、自己研鑽、共生・協調、未来志向という教育の原点を、見つめ直さなくてはなりません。

社会に出ると、自分で考え、判断し、答えを見つけなければ生きていけません。早急にこの古い教育体制を改めなければなりません。

教育は人と人の心の交流が基本です。個々人の特色を生かし、若人の無限の可能性を信じ、信頼しなければ良い教育ができないのです。

その教育に国家が多くの予算を付け、輝くものにしなければ国の将来はありません。シンガポールは国家予算の約二割を教育につぎ込んでいます。日本の教育予算はGDP比三・六パーセントで、世界の中で百位にも入っていません。教育が国づくりの根本であるとの認識がないのです。

全教育と高等教育で分けて見ると、全教育では、一位アイスランド（七・九パーセント）、二位韓国（七・六パーセント）、四位アメリカ（七・二パーセント）、日本はOECD国二十八か国中二十四位（四・九パーセント）です。高等教育では、一位アメリカ（二・七パーセント）、二位韓国（二・六パーセント）、日本（一・五パーセント）十一位と悲惨な状態になっています。

では、どうすれば遅れた教育体制を国際的に通用するものに作り変えることができるのでしょうか。それには教育が国づくりの基本であることを認識し、国家予算を大幅に増やすことが第一に必要となりましょう。

最後に、どういう課題があるのか、そしてどのように解決していけば良いのかを考えてみましょう。

総論

まず総論として以下の三つを認識することが大事です。

1　現在の日本は世界の中で中流国、三流国に成り下がりつつあること。

2　国家（政府）が教育は国づくりの根本であることを認識し、実践すること。

3　教育を自己肯定的、自己研鑽的、共生・協調、未来志向型にすること。

各論

次に大事な個別の事項を掲げます。

1　教員のブラック企業環境を改めること（21）。

１）月当たりの平均時間外勤務時間（小学校八十三時間、中学校百二十五時間、ともに過労死時間の八十時間を超えている）を改善する。

２）過労による教員の精神疾患による病気欠席（年間五千人）を解消する。

３）教員養成大学に進む学生が減少しているなか、教員免許を取得しても教員にならず他の分野に就職する人が約半数います。これでは良い教員がますます少なくなり、教育の崩壊に繋がります。この現状に早急に手を打つ必要があります。

４）学校が教師を育てられていない現状を改善する。新人研修もなく赴任の四月一日から学校のシステムを知らないままクラスを担当しているという悲惨さを改善する。

５）厚労省の教員アンケート調査（三万五千人）では、一位、教員を増やしてほしい（七十八パーセント）、二位、学校行事を見直してほしい（五十四パーセント）となっています。この教員への一方的な負担を改めなければなりません。

2　教育政策の立案と教育予算

1）子どもの教育予算四・五兆円、医療費と高齢者向けの予算四十二兆円という差は今後もなかなか変わらないでしょう。このようななか、教育に予算をつけなければならない合理性をしっかり理由づけします。

2）官邸と財務省が選挙の票を優先する政策を見直させること。政治を動かすのは国民です。何よりも国民が動くことです。

3）政策決定を政府に丸投げするのでなく、教育に関係する専門家、ＮＧＯ、シンクタンク、アカデミア等、民間が政策課題を解決するため積極的にイニシアチブをとっていくこと。

4）ＩＴ、ＡＩ授業は世界的レベルから遅れています。この分野に十分な予算をつけなければなりません。

３　論理的に考える力を養うことを優先すること(21)。

論理的に考える力＝問題をきちんと筋道を立てて考え他人に説明できる力＝読解力、であることを認識する。

そのとき、パーセント（％）のわからない大学生がいるということへの対策を立てることが急を要します。

1）国際数学・理科教育動向調査（二〇一五年、四十か国、二十五万人）では、我が国では数学が好きでない五十九パーセント、数学が信頼できない六十三パーセントとなっていて、数学嫌いがダントツの世界一位です。これを改める対策を立てることが、まず必要になります。

2）数学は筋道を立てて論理的に考える学問であり重要な学科ですが、数学や英語には好き嫌いや個人差がありますので、これらには能力別クラス編成を導入しても良いのではないでしょうか。

4　誰もが一律に大学に進むべきでしょうか？

有名私立大学の早稲田、慶応、明治、青山、立教、中央、法政などはそうではないでしょうが、地方の私立大学ではアルファベットをまともに理解できないような英文科の学生がいると言われています。

とにかく大学に入り大学卒という肩書きを取りたい学生側と学生数の確保と授業料や検定料で収入を増やしたい大学側の論理が合致した結果が招いたものです。

日本では大学卒とそうでない人の就職後の扱いが異なるのが普通です。いくら優秀でも高卒は不出来な大卒と出世コースが異なるようです。そのため何としても大学卒の肩書きを取らんがためにこのようなことが起こっているのでしょう。

しかしすべての人が大学に進むべきでしょうか？

人それぞれの特色や才能を発揮できる職種を選ぶことの方がより重要ではないでしょうか。欧州では自分の才能を生かし専門学校、技能学校やＡＩ専門学校に進み将来に備える人がたくさんいて、それぞれの職種や文化の活性化と伝承が行われています。我が国にも特殊な技術やノウハウをもつ中小企業がたくさんあり、国の産業を支えています。各人が何のために大学に行くのかが問われていると言えます。

この少子高齢化時代に、内容がなく形骸化し資格だけを与えるような大学は不要です。税金の無駄づかいです。大学のあり方、大学へ行く意味を考え直す時期にきています。

5　なぜそうなるの？と考える教育（生徒に論争させる）を行うこと。

1）これが正解だと教えるのではなく、複数の学説を紹介し比較検討させることが大事です。

2）なぜ第一次世界大戦が起こったのか？　応仁の乱はなぜ起こり十年間も続いたのか、その時の世界情勢は？　芸術は美しくある必要はあるのか？等々、論争する習慣を身につけさせる。

6　現在の教師も知識・記憶偏重型の教育を受けてきているので、真っ先に変わらなければなりません。本項の趣旨を理解し教師自身どう変わるべきか、現場で何をなすべきか、をよく考え実行していくこと。

7　学校、家庭、地域の三者で教育を行うこと。保護者や社会人がどんどん学校にでかけて日常業務の手助けをする。

具体的な取り組み

そして具体的な取り組みとしては、

1　学級クラスの少人数化と複数教員の配置

2　柔軟な教室運営

この1と2は最優先事項です。

3　知識詰め込みで暗記型の教育でなく、考え、自分の意見をもち、行動する教育（なぜそうなるのか？を考える教育）。
4　一方向性でなく、双方向性で議論と発表を重視する教育。
5　長い文章を読む習慣を身につけ、読解力を養う。
6　外国人教師の採用、社会経験をもつ多彩な教員の採用。
7　教室のあり方の根本的な見直し、机の配置の弾力化。
8　パソコンの整備によるＩＴ授業の充実、魅力ある教材や参考書の整備。
などを一つ一つ確実に行っていくことです。

三世代（八十年間）にわたる小学教育の変化

小学教育は教育のなかで最も大事なものですが、最後にこの八十年間（三世代）にわたる小学教育の変化について見てみましょう。

●昭和前中期（昭和二十年頃）の教育

私は昭和二十二年に小学校に入学しました。戦後間もなくでしたので学校全体（生徒、教員）が溌剌としていました。古い教育理念が取り払われ、新時代を迎えたという悦びであふれ自由で非常に明るい雰囲気でした。なかには依然として古いやり方の先生もいて、何かと言うとすぐにビンタを振る舞っていましたが、教育とはこうあるべきだという信念をもっておられましたので、それはそれで良かったと思います。

しかし一クラス五十人位でしたので大変過密で、現在以上に先生と子どもたちの関係は希薄だったように思います。

●昭和後期（昭和五十〜六十年）の教育

息子たちが小学校に入った頃は、日本の経済が隆盛に向かう時期で各地に学校が作られ、教える先生も熱心に子どもたちに接しておられたように思います。しかし一クラス四十人という過密さは相変わらずで、諸外国のように自分で考え、推論し、結論を出していくというような、子どもの自主性を伸ばす教育が十分に行われていたかというと疑問です。学校教育もルーチン化し、戦後間もなくのような高ぶった雰囲気はなくなっていたと思います。

●平成・令和の教育

私たち夫婦には四人の孫がいますが、いちばん下の孫は現在小学五年生です。一クラス三十人編成となっていますので過密度は以前より少しは良くなっています。しかし学ぶべき教科がグンと増えていて（英語、パソコン、道徳など）、子どもの知識や技能は八十年前の大学生を凌ぐほどのレベルになっています。この十年間の科学技術・文化の進歩には目を見張るものがあります。そのため先生の負担は格段に過重になっていて、先生方はよく努力をされていますが個々の子どもたちと先生との関係は以前よりさらに希薄になっているのではないでしょうか。これからはＩＴ、ＡＩの時代となっていきますので、さらなる対応が必要になります。

このように振り返ってみますと、現在の子どもたちは以前に比べると比較にならないほど知識、技術、記憶量は増えています。

しかし自分で考え、調べ、推論し、結論を出していくという習慣には相変わらず弱いのではないでしょうか。とくに〝どのように生きるか〟、〝どう生きるべきか〟という根本的な命題については、この八十年間十分に考え、議論し、教えてきたとは言えないと思われます。

教育に求められるもの

教育の重要性について考えて参りました。

教育においては〝自己肯定感をもち、自分の選んだ道を自信をもって進み、優しい心で他人と協力して未来の社会を作り上げていく人物像〟が求められます。

そして〝教育は国づくりの根本である〟という認識のもと、教育を輝くものにし、その実行によってのみ国の将来があると理解することが大事です。そのためにはGDPのなかで教育に対する投資額を高めることが第一に必要になりましょう。

1　国民一人一人が教育に関心をもつこと。

2　初等教育は高等教育より大事であるとの認識のもと、六年間の小学校教育を充実した楽しいものにすること。

3　大学教育を、専門教科を四年間学ぶという本来の姿に戻して充実したものにすること。

これらによって、学ぶことの楽しさ、学問・科学技術の進歩、さらに新たな発想法が生まれてくるでしょう。

最後になりますが、新型コロナウイルスのパンデミックによって全世界の健康、経済、社会活動は大変厳しい状態になっています。我が国では感染者数は最近になり少し減少気味ですがまだまだ余談を許さない状況が続いています。梅雨時期に入ると大雨、また夏には大型台風の襲来が考えられますので、五月いっぱい位に第一波の流行を収束しておかないと、災害のダブルパンチとなり大変な事態になります。個々人の良識ある行動によって一日も早い収束を願うばかりです。

しかし、あらためて細菌やウイルスと人間との共生・共存の問題を再認識させられました。われわれの遺伝子の三十~四十パーセントはウイルスの遺伝子と同じです。われわれ人間よりはるか以前から地球上には細菌やウイルスが存在していて、人間と共存してきたのです。従って今後も両者の上手な共存を図っていかなければなりません。

かつて百~二百年単位で流行したペストや天然痘、コレラ、スペイン風邪の際のように、今回の新型コロナウイルスの収束後の社会生活や文化様式は、大いに変わっていくことと考えられます(24)。

ソーシャルデイスタンシングを保つため、テレワークやネット授業は大いに進み常識となるでしょう。一方過密を避けるため、大都会から地方への移住も進むと考えられます。地方には自然、健康があり、ゆとりがあります。のびやかで豊かな充実した生活を楽しむことができます。

これまでは、より緊密にふれあい互いに交流するという繋がりの文化が中心でしたが、今後は個々人がそれぞれ距離感を持って独自の生活を追求していく個の世界観が主流になっていくことでしょう。

教育のあり方も、当然大いに変わっていかなければなりません。

教育は人の一生に大きな影響を与えます。良い教育、素晴らしい教育を受けた人はそれだけで大変幸せです。従って幼少の義務教育はすべての子どもたちに輝くものでなければなりません。

どのような国をめざすのか、国のあり方を描くことがまず問われます。これには国民的な議論が必要となります。国民一人一人が教育に関心を持ち、みんなで力を合わせて輝く良い教育体制を作っていくことが重要となります。

若者は無限の可能性をもっています。自由な雰囲気のなかで、それぞれの長所が生かされ伸ばされる教育体制を作っていこうではありませんか。そのことが本人はもちろんのこと、将来の我が国の進歩と発展に繋がっていきます。

若者の力を信頼しましょう。彼らが自由な発想で大いに活躍する場を作っていきましょう。必ず素晴らしい将来が拓けます。

教育改革は待ったなしです。今こそ教育改革を行わないと、日本は沈没するでしょう。自己肯定、自己研鑽、協調・共生、未来志向型の教育体制を作り、すべての学生たちに学ぶ楽しさを与えたいものです。

おわりに

日本の教育、世界の教育、それぞれの良さ、弱さ、古さについて考えてきました。多くの問題点が見えてきました。

現在の日本はかつてのように輝いていません。いろいろな指標から見ると中流の国になり下がっています。まず国民はこのことを自覚しなければなりません。

年金が減り保険料金や医療費が上がり生きていくのがやっとの高齢者、格差社会がひどくなり低賃金で生活がアップアップの若者、委託や派遣職員の職を追われ無職になった人、いろいろな事情から家をなくし、路上生活や車中泊をせざるをえない人、希望をなくして絶えず死を考えている人など、市場原理が闊歩しているため、そこからはじき出された人がいかに多いことか。

一方、ひきこもりや不登校、また幼少時代に不幸な家庭生活や虐待を受けたことがトラウマになり社会に適応できない人、家庭内暴力や身内の殺人、悲惨な交通事故、老老介護など、今の日本は決して住みよい国ではありません。

依然として古い価値観、効率を重視する市場主義、外国を見ない閉鎖性、よく考えて自分の意見を持ち行動に移すことのなさ、表層的な対応など、総じていえば思考停止になっているというしかありません。そういう国になっているのです。

二十世紀まではみんなが団結し護送船団として闘えましたが、今世紀は情報、ＡＩの時代です。〝個〟の時代です。まず自分の考えをしっかりもち、周りの人たち、国内外の人たちと協調して社会の発展に寄与していかなければなりません。〝個〟が強くなければ生き残っていけないのです。

かつて我が国には〝和をもって尊しとなす〟という素晴らしい文化がありました。家族や地域の人たちが心からふれあい、敬意を払い、互いに助け合う文化です。しかし、昨今はその〝和〟という精神がどうなってしまったのでしょうか。

十七条憲法時代の〝和〟は〝天皇に対して従順であれ〟というかなり高圧的なものでしたが、今日の〝和〟は社会において共生を計るため〝個〟を制御するというものです。すなわち人権と民主主義の根本である〝個の確立〟を図るとともに権力側（国家、政府、官僚）が公権力を抑制して〝個〟と〝公〟の共存をめざすものでなければなりません。

しかし、現実の社会においては、スマホに目をとられ前を見ないで歩く若者、少し肩が触れただけで睨み返す大人、無謀なあおり運転、自己中心的で前方や歩行者をよく見ない過失運転、それらによる悲惨な交通事故、虐待、少女の誘拐や監禁、子どもが親を親が子どもを死に至らしめる悲惨さ、オレオレ詐欺、詐欺まがいの商法など、かつては考えもしなかった身勝手な出来事や事件が毎日のようにニュースで流れ、〝いつまでこんなことが続くのか〟と暗い気持ちになってしまいます。

もちろんこれらには多様な要因があり容易に結論づけることはできませんが、そのベースには、個人主義になり、自己中心的になり、忙しすぎて余裕がなくなり、相手の気持ちをおもんぱかれない状態になっていることがあるのではないでしょうか。さびしい限りです。

片や最近の政治においては、公文書の破棄、隠蔽や改ざんをはじめとし、責任放棄、国会軽視、説明回避、官僚の変質と忖度など、公権力が民衆を無視して暴走していきます(17)。

しかし、まだ救われることには、我が国にはやさしい人がたくさんいるということです。

阪神・淡路大震災や東日本大震災のときもそうでしたが、最近の九州、西日本、長野、関東、東北の台風、地震、水害に際しても、全国から大変多くのボランティアが連日現場の後片付けのために駆けつけています。日本にはやさしい立派な人がたくさんいるのです。

私事で恐縮ですが、先日大阪駅近くで行われた会合に出て、その後の懇親会の途中で鼻血が出て一時間経ってもなかなか止まらないため帰宅することになったのですが、駅のエスカレーターを昇った踊り場近くで立ち止まり鼻を押さえていると、三人連れの若い女性が「大丈夫ですか、どうぞこれをお使いください」とティッシュペーパーを手渡してくださいました。

ちょうどラッシュ時だったので関空快速のぎゅうぎゅう詰めの最後部車両のガラス越しに車掌さんが見える隅に立っていると、次の駅で止まった際、女性の車掌さんがティッシュペーパーの袋をもってこられ「これを使ってください」とくださいました。

天王寺駅に着くと他の時間帯なら多くの乗客が降りて座席が空くのですが、周りを見渡しても空席がなく、「ああ、最後まで立ち詰めで行かなければならないのか」とがっかりしていたところ、最後部座席の若い男性が立ち上がり「どうぞお掛けくださ い」と席を譲ってくださいました。

私は月に一回、近くの大学病院を受診していますが、インフルエンザの流行時なのにマスクをして行くのを忘れました。病院の再来受診受付機の近くにマスク販売機があるのを見つけ購入しようとしたのですが小銭がありません。近くにおられた係員の方に「あのマスク販売機は千円でおつりが出ますか」と尋ねると、「いや百円でないと買えません。私が買ってきましょう。お代は次の受診のときで結構ですから」とおっしゃって買ってくれました。なかをあけると箱入りの二つのマスクが入っていました。朝一番から心温まる気分になれました。

このように現在の日本にはやさしい親切な人がたくさんいるのです。うれしいことです。

これまで述べたような自己中心主義や自国中心主義は日本だけでなく世界のどの国でも共通のはずです。しかし、なぜ我が国では先述のような悲惨な事件が多発するのでしょうか?

それは〝個の尊重〟や〝個の確立〟が本当に血を流して勝ち取ったものでないため、しっかり根付いたものでなく、真の人権尊重や民主主義が確立されていないためではないでしょうか。そのため稚拙な行為に走ってしまうのではないでしょうか。公共精神が乏しいというか、要するに大人になっていないのです。

二〇一九年秋に発表された日本財団の第十八回十八歳意識調査（九千人が対象）は、日本の若者の民主主義についての意識がいかに低いかを明らかにしています。民主主義の根本は自分の運命は自分で決める、自分で決められる人を育てることです。その意識が日本では非常に低いことがわかりました(18)。

一八年度のスウェーデンの国会議員選挙では十八〜二十四歳の投票率は八十四・九パーセントでしたが、一九年の日本の参議院選の二十歳の投票率は二十六・三四パーセントでした。自分の意志を社会に反映して社会を変えようとの意識が非常に低いのです。自らの権利を放棄していると言うしかありません(18)。

また、ドイツ、アメリカ、イギリス、中国、ベトナム、韓国、インドネシア、インド、日本の九か国の十七〜十九歳の意識調査は、日本人の若者の意識は、1）自分を大人だと思うが二十パーセント強で、他の八か国では四十〜八十パーセント、2）将来の夢をもっているは日本の若者は六十パーセント弱で、他の八か国では八十〜九十パーセント、3）自分で国や社会を変えられると思うは、日本は二十パーセント弱に対し、他国では四十〜八十パーセント、4）社会課題について家族や友人など周りの人と積極的に議論しているは、日本では二十パーセント強に対し他国では六十〜八十パーセントでした。日本はいずれもダントツの最下位です(18)。

幼い頃から学校で民主主義や批判的に考えることを学ぶ、自分たちの声が尊重される経験を積む、選挙の争点について議論し模擬投票をするなどの経験があるかないかが右の結果に影響しているのです。これは教育のあり方の問題なのです。

幼少児から大学に至るまでの教育において、自身の頭で考え、悩み、他人と討論し、選択肢のなかから進むべき道を選び、行動に移していくという、人間として大事な習慣が十分に養われていないのです。時間がかかりますが、ここから改革しなければなりません。

このように〝個の確立〟は大事です。しかし私たちは一人で生きていません、生きていけません。そこで〝個〟と〝共生〟の両立を計ることが大切になります。

二〇一九年のラグビーW杯の日本チームは非常に素晴らしく、また見事でした。スクラムの強さ、俊敏な動き、芸術的ともいえるパス回しなど、すべて猛練習につぐ猛練習の賜物ですが、これを成し遂げた選手たちの国籍は多様な混成部隊でした。国籍を問わず集まり one team として結果を出したのです。久しぶりに清々しい気持になりました（19）。

これを見ると、国際性と開かれた組織づくりがいかに大事であり、それが大きな仕事を成し遂げることができることを示してくれたといえるでしょう。

我が国には改革すべき課題は山積しています。人権・民主主義の推進、開かれた国づくり、温暖化を止める施策、福祉政策、格差の解消、教育、政治外交等ですが、本書のテーマである教育の抜本的な改革は、これらのなかで最も優先されるべきものです。

教育は人づくりであり、その国の文化と歴史を反映します。人間の諸活動のなかで最も崇高な活動の一つで将来への投資です。教育は方法論ではなく、考え方、哲学といっても良いでしょう。一遍の調査やテストの点数等では到底計りしれない深遠なものです。

従って各国はより良い教育制度づくりに向けて必死に努力していますが、なかなか理想的なものが得られていないというのが現状ではないでしょうか。

本文で述べましたが、シンガポールは国防費に次いで教育費に多額の予算（国家予算の約二割）を投入している国です。小国でありながら、世界の教育、人材育成、経済、金融、科学研究、ロジスティック、交通、観光の一大センターとなっていて、一人当たりのＧＤＰは日本の一・六倍です。

大学は日本のように一通過点ではなく、卒業後二十年間は自由に出入りできて新しい知識や技術を学べるようになっています。教育が国づくりの根本であることを実践しているのです(20)。

かつて日本はシンガポールのお手本でした。今は全く逆でシンガポールから学ぶべきことが多いのです。身近にこんな良いお手本があります。われわれは優秀な民族です。日本の良さを生かした教育（〝個〟と〝和〟が融合した教育）が再生され、ひいては住みやすい国になることを願ってやみません。

祖父は田んぼを持ち親父は外科医でしたので、私は戦時中も何の不自由もなく育ち、一年の浪人生活を経て医学部に入りました。特別に医学に目覚めていたわけでなく単なるノンポリの学生でした。そんなノンポリの学生だった私が八十歳を前にして社会の出来事や不条理に対して、また教育の後進性について関心をもち、考えを発信しています。それはどうしてでしょうか。

人生においてすばらしい師（先生）に出会えることは大事なことの一つです。先生が子どもや学生の長所、欠点、特徴を見抜き、進むべき道を示唆し心底支援してくださる。こういう経験をお持ちの方は非常に幸せです。

私の場合、薬理学を専攻しなさい、脳の研究をしては、東京に行き研究の現場を見てきなさい、応用医学研究所に移りなさい、金沢大へ行き脳の基礎的研究を、ニューヨークへ行きさらなる研究をと、そのときどきに的確な指示を出し、心底支えてくださった師（村野匡薬理学教授、学長）との出会いです。

教育は数値では測れません。人と人のこころの触れ合いであり、互いの成長の過程であり、その継続なのです。

このような教育を受け、当時のインターン闘争という闘いを経験して、自らも考え悩みぬき人間的に成長できたと考えています。

そして教育においては、その経験を次世代に伝えることが重要であり責任です。富山医科薬科大の助教授時代、名市大の教授や学長時代も私が受けた恩恵に比べれば微々たるものだったかもしれませんが、後輩たちに私のすべてをぶつけて参りました。

このような考えが現在の私の行動の原点となっています。

後段は私的なことになってしまいましたが、人間の一生は大変不思議なもので、一期一会というか出会えた人（縁）に大きく影響されることを理解していただきたかったからです。

人の財産はその人がもっている友、人脈であるといわれます。一人では何もできません。多くの人と協力し切磋琢磨して社会が回っていきます。その際、どんな環境におかれてもビジョンをもって前向きにベストを尽くすこと、ひとの二倍は努力すること、常にイノベーションを心がけること、が大事であると実感しております。

関西しか知らなかった私が、東京、金沢、ニューヨーク、富山、犬山、岡崎、そして諸外国大学や研究所など、いろいろなところで学び、多くの同僚や師に出会え、国内外に多くの知人・友人を得ることができ、広い世界観をもてるようになりました。そういう意味では、私はすばらしい教育を受け、大変幸せな一生を過ごすことができたと考えています。出会えたすべての方々にただただ感謝あるのみです。

教育の重要性や日本の今の教育の問題点等について考えて参りました。繰り返しの多い稚文ですっきりしない書物になってしまいましたことをおわび致しますとともに、最後までお読みいただいた皆様には心から感謝致します。

本書をまとめるにあたり貴重なご意見をいただいた福井壽男氏、鄭旦均氏には心からお礼を申し上げます。

ゆいぽおと編集長の山本直子氏には大変お世話になりました。氏の協力がなければ本書は世に出なかったかもしれません。深く感謝しお礼申し上げます。

最後になりましたが、常々心身ともに支えてくれている家族に感謝致します。

参考文献

1　朝日新聞　2019.12.28
2　大学の問題　問題の大学　時事通信社　2019
3　朝日新聞　2019.10.28
4　オランダの教育はなぜ成功したのか　平凡社　2006
5　北欧教育の秘密　柘植書房新社　2008
6　インドにおける教育の不平等　明石書店　2011
7　崩壊するアメリカの公教育　岩波書店　2016
8　アメリカの小学生が学ぶ歴史教科書　ジャパンブック　2005
9　朝日新聞　2019.10.23
10　朝日新聞　2019.11.13
11　朝日新聞　2019.9.24
12　朝日新聞　2019.9.25
13　ＡＩ vs. 教科書が読めない子どもたち　東洋経済新聞社　2018
14　朝日新聞　2019.11.27
15　朝日新聞　2019.10.2
16　朝日新聞　2019.10.2
17　朝日新聞　2019.12.30
18　朝日新聞　2020.1.5

19　朝日新聞「自ら判断、骨太な集団に成長」　2019
20　朝日新聞　2020. 2. 29
21　文藝春秋　2020. 4. 1
22　韓国テレビ JTBC　2019. 11. 6
23　恨の国・韓国――なぜ日韓は噛み合ないのか　祥伝社　2015
24　朝日新聞　2020. 4. 15

西野仁雄（にしの　ひとお）

一九四一年堺市生まれ。和歌山県立医科大学卒、研究生、助手、講師。ニューヨーク州立大研究員。富山医科薬科大助教授。名古屋市立大教授、医学部長、学長、理事長、名誉教授。

ＮＰＯ法人健康な脳づくり理事長、顧問。

専門分野は脳生理学。

二〇一六年、瑞寶中綬章受章。

著書に『運動の神経科学』（ＮＡＰ社）、『Mitochondrial Inhibitors and Neurodegenerative Disorders』（Humana Press）、『リハビリテーションのためのニューロサイエンス』（Medical View）、『情動と運動』（朝倉書店）、『イチローの脳を科学する』（幻冬舎新書）、『イチローは脳をどう鍛えたか』（経済界新書）、『死ぬまでボケない10の習慣』（ＰＨＰ文庫）、『認知症にならないために』『認知症を予防して百歳時代を生きる』（ゆいぽおと）、『ミラクルグリップ』（文藝春秋）など。

装丁　小寺　剛（リンドバーグ）

待ったなしの教育改革
—学ぶ楽しさを伝えよう—

２０２０年８月７日　初版第１刷　発行

著　者　西野仁雄

発行者　ゆいぽおと
〒４６１-０００１
名古屋市東区泉一丁目15-23
電話　０５２（９５５）８０４６
ファクシミリ　０５２（９５５）８０４７
http://www.yuiport.co.jp/

発行所　ＫＴＣ中央出版
〒１１１-００５１
東京都台東区蔵前二丁目14-14

印刷・製本　富士リプロ株式会社

ISBN978-4-87758-489-4 C0037